新大霊界シリーズ——①

神と霊の力

神霊を活用して人生の勝者となる

隈本正二郎

Kumamoto Shojiro

展望社

はじめに

霊というのは、多くの人は神秘的なものと考えています。霊は一般の人にとっては眼に見えないものですから、神秘的で不思議なものと考えるのも無理からぬことです。中には、霊の存在を迷信として否定する人もいます。否定する人の根拠はほとんどが科学的に存在を証明できないからということになっています。

この世の中には、科学でいまだに証明できていない「真理」がたくさんあります。科学的に証明できないからといって存在しないと決めつけるのは間違っています。

霊の世界と人間の世界は表裏一対のものであり、この世が存在しているということは、霊の世界が存在しているということです。この世と霊界の一対の真実を知ることで、今まで見落としていたことが見えたり、無関心だった事柄に視線が向けられるようになります。霊の真実を理解することで、幸せを得るための選択肢が増えてきます。人生論の名著がたくさんありますが、どの人生論にも「霊」や「霊界」については語られていません。仏教家や医師の書いた人生論の中に片鱗が伺えるものが何冊かありますが、刺身のツマ程度に語られているだけです。面と向かって霊的生活について語られた人生論はありません。本書の執筆のモチーフを端的に申し上げれば、「霊の実用書」あるいは「霊に関した人生論」を書こうということでした。「霊の実用書」というのは、霊を活用して暮らしを豊かにするノウハウを書いた本だからです。また、「霊の人生論」というのは、霊を理解して幸福な人生を歩むための方法を書いているからです。

霊は特別なものではなく、風や空気や草木と同じように、私たちの周囲に何気なく存在していて、私たちの暮らしにプラス、マイナスの影響を与えているのです。

私たちは、時に「毒にも薬にもなる」という言い方をすることがあります。ある物質は、用い方によっては毒性が強く、服用すると生命を危険にさらすこともあるが、異なる使い方をすると薬になり、病気を治してくれる効用もあるということです。霊は毒ではありませんが、その接し方によっては病気や怪我をもたらすこともありますが、その活用の仕方では健康や開運をもたらしてくれるのです。

霊は霊界の法則で人間に関わっていますが、恐ろしいものでも気味の悪いものでもありません。人間のアプローチの仕方によっては人間のためにいろいろなサポートをしてくれます。どのように霊と関わり、霊の力を引き出し自分の人生に役立てていくか、その方法について述べました。さらに、マイナスの霊からはどのように身を守り、マイナスの霊が憑依したら、どのようにして除霊するかなど、基本的なことがらについても述べました。

　そのほか、今までの霊の常識をくつがえすような私なりの発見や経験についても盛りたくさんに述べています。

　従来の「神霊・心霊」の書物とはまるで違った視点で書いています。霊の実用書、霊の人生論と前述しましたが、「霊のエッセイ」として、今まで霊に無関心だった人にもぜひ手に取っていただきたいと思います。

　きっと明るい世界が開けることと信じています。皆様の幸せを祈ります。

平成二十七年十月吉日

隈本正二郎しるす

神と霊の力

――神霊を活用して人生の勝者となる――

目次

Part.2 運命が激変したら霊の力と考える

Part.3 霊によって起こる病気の数々

Part.4

浄霊による健康・開運の原理

浄霊と瞑想の実践

Part.5

霊との正しいコンタクトの取り方

Part.6

善い霊に好かれる体質をつくろう

Part.7 死後の世界で永遠の生命を得る

Part.8 霊能者の生き方とコミット

プロローグ——霊の実在を確信するところから人生が始まる

あなたは霊を信じている?

ご存じかもしれませんが、霊を科学的に研究している学者もいます。霊を物理的、化学的、生物学的に解明しようという研究です。

しかし、霊魂や神霊については、まだ見るべき研究成果は上がっていません。何しろ霊界は次元の違う世界ですから、そう簡単には実体を把握することは難しいのです。

しかし、科学的に実証できないからといって、霊の世界はありえないと考えてはなりません。未知なるものに対して、私たちは簡単にあきらめたり、結論を急いだりしてはなりません。自分が認識できなかったり、信じられなかったりするものは、この世に存在しないと考えるのは人間として傲慢ではないでしょうか。

この世にはまだまだ解明されていないことがたくさんあります。科学的実証がないからといって、そのことで、実在しないと決めつけてはいけません。この人間界、大宇宙、大霊界には解明されない真理がまだまだたくさん存在しているのです。

いまだ解明されていない「真理」……その一つが「霊」についてです。

私は今まで、何千名というひとの浄霊をしてきましたが、私の浄霊によって病気が改善したり、運気が向上したり、体調がよくなったりした人はたくさんいます。

なぜでしょうか？　それはまぎれもなく霊が存在するということの一つの証《あかし》です。浄霊というのは守護神と人間の心が合体して霊のパワーによって現実を変革するということです。浄霊による現実の変革は、明らかに霊が実在するという確かな証拠です。

霊は一般の人の眼には見えません。この世には見えなかったり、匂いがしなかったり、音がしないもので、存在するというものが幾つもあります。当然ながら電波も眼には見えません。眼には見えませんが、電波はテレビに美しい画像を結びます。

電波は物理的に解明されているので、だれもその存在を疑う人はおりません。ところが霊は物理的にその存在が解明されていません。それでも、霊のパワーによって現実が改革されています。そのことを私は身をもって証明してきました。

現界
霊界
この世は、現界と霊界が一つになって営まれている。どちらが欠けても現実は構成できない。

霊も、「電波」と同じように「霊波」と呼んでもよいような強いパワーを秘めて私たちの周りに流れているのです。

問題は、科学で実証のできない「霊」について、あなたは信じることができるかということです。

信じられないという人は、信じる人より大きな損失をしている、ということははっきりといえます。なぜなら、この世は、現界と霊界が一つになって営まれているからです。まるでポジフィルムとネガフィルムのように二つが一つになって現実が構成されているということです。霊を信じないという人は、霊界の法則が完全に抜け落ちた生き方をしていることになります。

確かに「霊」の実在を信じなくても生きていくことはできます。ただし、私のような霊とともに生きている人間から見ますと、霊不信の人の生き方は、広大な荒れ地の砂漠の中を、水も持たず、駱駝《らくだ》にも乗らずに、とぼとぼと歩いている人のように見えるのです。

ここで霊の力を借りればもっと生きやすいのに、とか、ここで霊の導きに従えば、幸せな人生が送られるのにと思うことがしばしばあるのです。

霊には「神霊」と「心霊」がある

ところで、皆さんは「霊」とはどのようにお考えですか？

大方の人は、霊とは「死者の霊魂」というふうに考えています。確かに死者は死んで霊魂を残します。その霊が人間に関わってくるというのも事実です。霊が子孫を守ったり、憎むべき相手に病を与えたりして苦しめたりします。中には死者の霊魂が昇格して神格化し、守護神となって人間の人生を導いたり守護したりするということもあります。そのような霊魂を「守護霊」と呼んでいる人もいます。

その他に精霊が神格化して人間の悲願や祈りに応えてくれることもあります。

余談になりますが、精霊について少しお話ししましょう。日本の神道《しんとう》は、自然崇拝の宗教です。自然界に存在する「精霊」を信仰する宗教です。

通常、宗教というのは、それを興した教祖がいて、その教祖の教えを信仰するというのがオーソドックスな形です。仏教にもキリスト教にもイスラム教にも教祖がいて、教祖の教えが存在します。信者はその教えを規範として人生を生きているわけです。

ところが、日本の神道には教祖がおりません。宗教上の教えも存在しません。ただ、ひたすら崇拝する精霊を祈り、我が暮らしに恩恵をもたらしてもらうのです。

そういうわけで、神道は人間に影響を与えそうなものはすべて神として祀《まつ》ったのです。例えば噴火によって人間の暮らしに危害が及ぶと、これは山の神が怒って人間を懲らしめるために爆発を起こしたのだと考えました。この恐ろしい神の怒りを鎮めるために、神社を建立して祈り奉ったのです。

水害も同じです。荒れ狂う濁流によって田畑が壊滅し、集落が危機に瀕すると、水の神の怒りを鎮めるために神社を作って祈りを捧げたのです。

そういうわけで、神道には数限り無い「神」が存在しています。

受験生が押し寄せる天神様、あれは菅原道真の霊を祀っている神社です。菅原道真公は学問に秀でた官吏でしたが、誤解によって天皇の逆鱗にふれ、太宰府に流されて幽閉され、無念の生涯を閉じることになりました。以後、京の都には、天変地異が続出します。火災で京の都が焦土と化したこともあります。人々は、この災厄は道真の怨霊の祟りだとして、その霊を慰めるために天満宮として祀ったのです。本来は天神様は学問の神社ではなく、道真の狂乱する御霊《みたま》を鎮めるために建てられた神社だったのです。たまたま、道真が学問

日本神道では、昔から草花も山も川
も海も、すべて精霊が宿るとして信
仰の対象としてきた。

に秀でていたことから、後世に、いつの間にか学問の神様として崇《あが》められるようになりました。

日本神道は、火も、水も、雨も、風も、山も川も海も、みな精霊が宿るとして信仰の対象にしたのです。もちろん死者の霊も、慰霊のためではなく死して子孫や一族を守ってくれる守護神として祀りました。多くの武将は死して、神として祀られました。秀吉も家康も明治の東郷平八郎も今に至るまで神社として栄えています。

原始宗教には、霊を司るシャーマンがいました。シャーマンは呪術師、巫女などと訳されることもありますが、自然界の精霊と人間界の橋渡しをする霊能者です。

神道と同じように未開の人たちは、良きこと悪しきこと、これすべて人知を超えた絶対的な力によって起こると考えました。良きことがあれば、絶対者（神）に感謝を捧げ、悪しきことは祈って災いを取り除いてもらったのです。

精霊を信仰するということは、文化が発達していないための無知なる行為でしょうか？未開人の呪術的なシャーマンの儀式はナンセンスな非科学的な行為でしょうか？

私はそうは思わないのです。なぜなら霊界はまぎれもなく存在し、絶えず現界に関わってきて私たちの人生を支配しようとしているからです。現界を生き抜く人間は、その霊に働きかけて現実を改革しなければなりません。そのためには霊と交信できる力のある人が必要だったのです。すなわちシャーマンや呪術師はそのような能力を持った霊能者だということです。

私が主張するのは霊の性質として二つの形があるということです。一つは、偉大な絶対者の霊（神）であり、それは「神霊」と呼ぶべきものです。もう一つは人間が死して霊界に入り、高級霊となって、人間を守護したり、死して怨念霊となって人間に苦痛を与えるような低級霊などで、総称して「心霊」と呼んでいます。

私たちは「神霊」と「心霊」という二つの性質を持った霊と関わりを持ちながら、この人生を生きているのです。

神霊は偉大なパワーでありますが、その性質が、死者の霊魂が高級化したものか、もともと、次元を超越して存在する救済のパワーなのか、特別の人間だけに与えられた偉大な力なのか、「霊」とは「かくしかじかである」と、断定したり、特定することは難しいところがあります。

いずれにしろ、私たちは、神霊（心霊）と関わりつつこの人生を歩んでいかなければならないということは確かなことなのです。

私は霊が実感できる

通常の場合は、霊は一般の人には視《み》えません。通常の場合と断ったのは、特別のことが起こったときは、その人に霊が形を表すことがあります。形を表すことで、霊はその人に何かを訴えるわけです。

形といってもさまざまで、霊が現界で活動していた生前の姿をしていることもあれば、意味のない黒い影として映じたり、白い雲のような塊《かたまり》として見えたりすることがありま す。線香の煙の揺らぎが人の形や仏像の形を作ったりすることもあります。心霊写真には偽物が多いのですが、まれに、亡き人の顔がかすかに写し出されることもあります。カメラという現代的な器具で霊の姿がとらえられるのだから驚きです。

私が霊を視ようと、念を込めて対象に向かい合うときにもそのとき映ずる霊の形はさまざまです。ひとことで「これだ」という普遍的な形はありません。

霊の発する音も、通常の場合は一般の人には聞こえません。音の場合も、特別の事が起こったときには、一般の人でも聞こえることがあります。

霊が自分の存在を主張するために発する音は、衣服を着替えるときに発する、衣ずれのような音だったり、コンクリートの建物の中を歩く靴音のような、コツコツという音だったり、人のすすり泣きのような音のこともあります。泣き声は実際に、霊が苦しみを訴えるために発することが多いようです。

私が神経を研ぎ澄ませて、霊の音に耳を傾けますと、確かに霊の音はかすかに聞こえます。通常は霊は音を発していても、一般の人に聞こえることはないでしょう。なぜなら霊の音は人間の鼓膜に届くということがないからです。

霊能者の耳に届く霊の音は、あるかなきかの風の音のようでもあり、意識の底をかすめる淡い影のゆらぎが発する音のようでもあります。霊の音が一般の人の耳に届くのは、前述したように、霊が何らかの意図で、現界の人間に通信しようとしたときに独特の音を発します。すなわち、人間に自己の訴えを聴いてもらいたいときです。無念の思いを抱いて亡くなった人の霊が、自己の霊魂の浄化を願って訴えるとか、不慮の事故（遭難や事件）によって亡くなった人の遺体が放置されたままになっているのを知らせるためなどに霊が音を発して遺体の場所を教えたりします。

もちろん霊には色彩も匂いも温度もありません。

霊とはこのように色も形も匂いも温度もないのですから、通常の人に視えたり、霊の音が聞こえたりすることはありません。

ただ、霊に偏見も反感も持っていない人には霊の存在を感ずることはできます。極論すれば、霊というのは見たり聴いたり触ったりするものではなく「感ずる」ものだということです。

例えば神社や仏閣を訪ねると、時と場合によって霊気を感ずることがあります。それは気のせいではなく確かに、高級な「霊気」が充満しているのです。

何より確かなのは日本神霊学研究会（略称 日神会）の長崎聖地（本部）や東京聖地にお出でいただくとはっきりと実感できるでしょう。聖地の敷地内に一歩足を踏み入れると、心が洗われるような感じがします。かたじけないという思いは一つの感動であり、涙がこぼれるような有難さです。

日神会の長崎聖地（本部）と東京聖地には、まぎれもなく高級神霊が充満しているのです。「ああ、これが日神会と交霊している高級神霊（聖の神）が発する霊気か……」と納得されると思います。

ただ、霊気は高級神霊が発するものばかりではなく、迷える霊、怨念霊など、低級な心霊も霊気を発しています。

何となく背筋が寒々としたり、その場所に来ると胸苦しくなったり、言葉に表せないような嫌悪感にとらわれることがあります。この霊気は、低級霊が発散して、周囲が汚染されていることが理由の場合もあります。

私の言いたい趣旨は、霊を感じることは日常生活において、誰もが経験できることだということを言いたいのです。

高級神霊の清々しい霊気、それに対比して人間の心を滅入らせる低級心霊の霊気。これは誰もが日常的に体験することがあるのです。

霊は見えないが、私たちの周囲に実在していて、勇気や希望を与えたり、あるいは逆に生きる気力を奪い、絶望に陥《おとしい》れたりすることもあるのです。

霊とともに生きる覚悟

私に取りまして人生というものは、霊に守られ、霊と交信し、霊と協力しあい、時には霊と闘い、霊を説得し、あるいは霊に対して敬虔な祈りを捧げ、その時々に霊を活用して幸せな一生を送るということです。

私にとって真実の人生とは、霊の実在を確信するところから始まるのです。このことは大それた決意ではなく単純な発想なのです。なぜなら霊の実在を確信しなければ、霊を活用して生きようなどと考えるはずがありません。自分の中に確固たる信念を持って霊の存在を肯定し、霊の偉大なるパワーを活用して幸せの道を探ることが大切なのです。

霊はさまざまな性質を備えています。また、霊自体に位《くらい》があります。すなわち、霊には何百という階級があるのです。それぞれの位を持った霊が、自分に見合った力量で、人間に働きかけてきているのです。その霊との関わりで自分が幸せになったり不幸になったりします。低級霊とばかり関わりあっていると、芽のない人生を歩むことになります。霊を伴侶とするなら位の高い霊を選ばなければなりません。

高級神霊の高貴で優れた現実改革のパワーによって、明るく希望に満ちた人生を送った人もいれば、人間に悲嘆や苦しみを与える低級心霊と関わったために、不幸な人生を歩むことになった人もいます。香りも形もなく音も発しない霊魂は、信じない人もいれば、軽く考えている人もいます。

霊の話は幽霊話や怪奇話とは違います。霊は人間と関わり、霊によって支配される人生

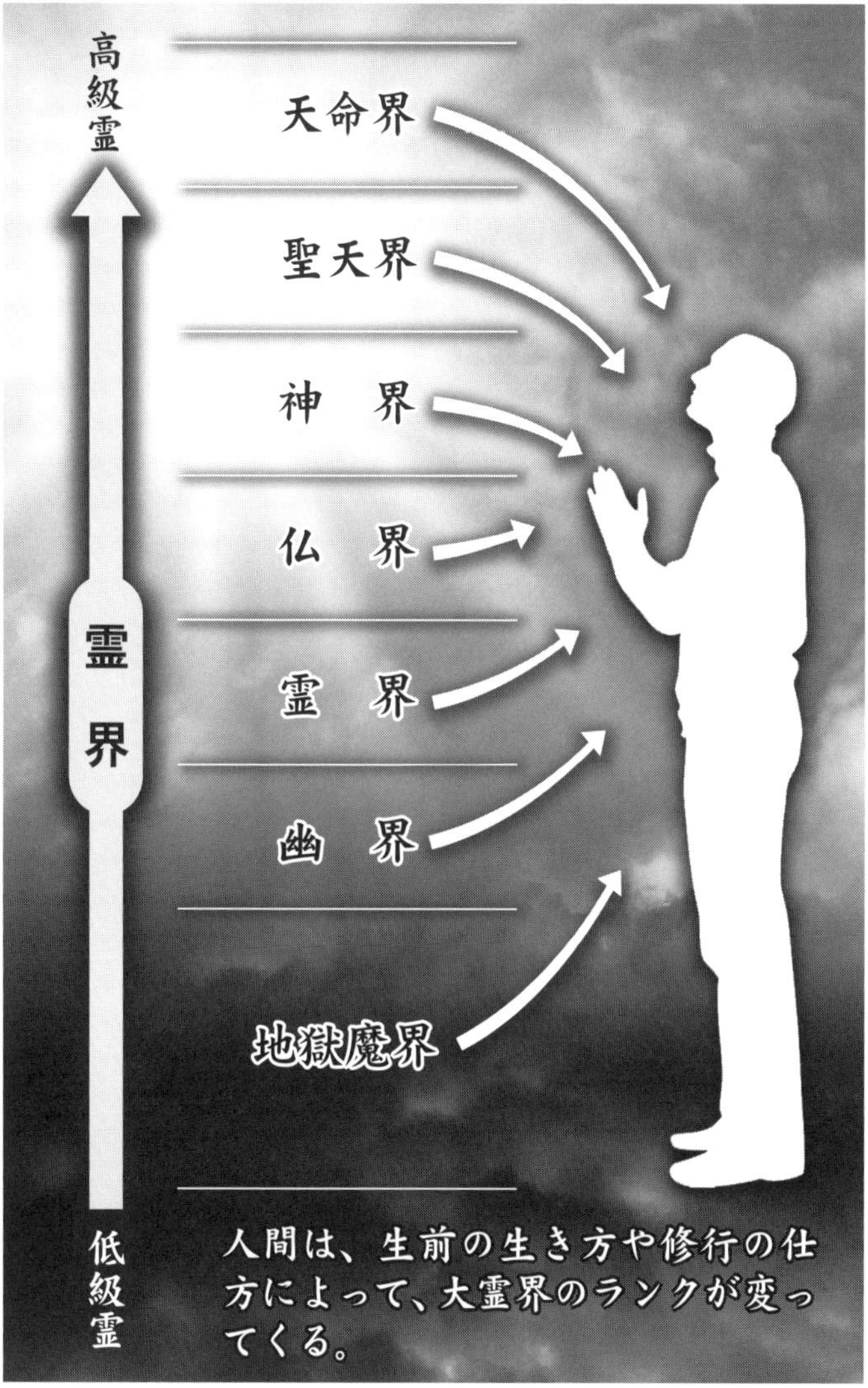
高級霊
天命界
聖天界
神　界
仏　界
霊　界
幽　界
地獄魔界
霊界
低級霊
人間は、生前の生き方や修行の仕方によって、大霊界のランクが変ってくる。

や、共に歩む人生もあるのです。確かに幽霊話に出てくるようなおどろおどろしい面を持った霊魂もあります。怨念を持って人間に憑依《ひょうい》する低級霊です。しかし、その反面、霊格が向上した高級霊は、人間を守護し、人間を幸せな人生に導くのです。すなわち、高級霊との関わりが多くなれば、健康で毎日を楽しく過ごせます。その反対に人間を不幸に突き落とす低級霊との関わりが多くなれば、不本意な人生を歩むことになります。この真理をしっかりと把握して人生の指針を組み立てることが大切なのです。

人生論の第一歩は、良き友や伴侶を選ぶということです。人の一生は、友人の影響を受けることが大きいことは誰もが知っています。

与謝野晶子の詩に「友を選ばば書を読みて六分の侠気四分の熱」というくだりがあります。続けて「妻を選ばば才長けて見目麗しく情けあり」とあります。見目麗しいということはともかく、友も妻も人生の伴侶として選び方が間違うと、まさに人生の不作となります。霊魂の伴侶はある意味で妻や友よりも大切なパートナーということができるかもしれません。

どんな霊を自分の人生のパートナーとすべきか、霊を味方につけるにはどんなことをすればよいか、霊の災いを除くためにどんな防御をすればよいか、初代の教えを踏襲しながらも、独自の体験と独自の研究と実践で新たに発見した大霊界の法則を新しい視点で紹介したのが本書です。

Part.1

霊の世界は五感を超えている

霊は絶えず人間にアプローチをしている

現界に生きている私たちの意識と霊の意識は同じはずがありません。しかし、霊の意志を人間の意識で受けとめるとき、人間の考え、思惑で理解してやることが霊とともに歩む大切な手段です。霊の意志など人間に解るはずがないと、霊のアプローチを無視してしまうと、その人は以後、霊と共に歩むことはできなくなります。

私たちの生きている人生には、さまざまな階級の霊がそれぞれの思惑で人間と関わろうとしているのです。

死者の霊は自分の浄化を願い、いつの場合も高い位に向上しようと苦しんでいます。しかし、霊は自己で浄化はできません。霊の浄化に手を貸すのが人間の役割なのです。霊は自己の浄化と向上を願って人間に関わってくるのです。

あるいは、怨霊となった霊が、自分の恨みを晴らすために人間の体に憑依（とり憑く）することもあります。人間の体に憑依して相手に危害を加えようとするのですが、必ずしも憑依した人間が恨みを晴らすのに協力してくれる適切な人間かどうかは、霊にはわかりません。
単なる心霊は「神霊」のような高級霊ではありませんから、英知を持ち合わせてはいないと考えたほうがよいでしょう。したがって、憑依する人間を選ぶということも、はなはだ大雑把《おおざっぱ》です。霊は自分より格の上の人間には憑依はできません。生まれつき霊媒体質を持っている人は霊の働きかけを比較的受入れやすいので、そのような人を選んで憑依します。

低級心霊に憑依されると体調を崩して病気になったり、その霊が狂暴な意志を持っていたりすると、憑依された人間も狂暴になったりすることがあります。

霊の憑依で万引きをしたり、人を傷つけたりすることもあります。一歩間違うと犯罪者になってしまうこともあります。霊の実在が科学的に証明されていない現在は、法律を犯した場合、自己の行動を霊の仕業だと、責任を転嫁することができません。

霊との交信は霊能者が修行や経験で身に付けるか、生まれつきの霊媒体質でなければ難しいのです。霊と交信ができなければ、一方的に霊のアプローチ（あるいは攻撃）を受けなければなりません。

自分自身の霊格が高ければ、位の低い霊が憑依することはめったにありませんから、霊の障害を受けることは心配はないのですが、人生に不平があったり、絶えず人を憎んだり呪ったりしていると霊格が低下していきます。そのような人に、怨念霊は自分に似た土壌を感じて憑依してきます。

霊格を高める方法は後述しますが、低級霊が、自分に似た土壌を持っている人間と考えて、憑依のターゲットとするのは、マイナス思考の人、常時不平不満を抱いている人、怠惰な人、人間嫌いな人、不潔な人、不健康な人、誰かに憎悪を抱いている人、傲慢な人などです。

低級霊に付け入る隙を与えないためには、いつも前向きに、目標を持って生きることです。そして浄霊によって霊格を高めてゆくことが大切です。

霊の働きかけを恐ろしいと思ってはならない

幽霊は怖いものとして語り継がれています。幽霊は怪談話として日本にはいろいろな物語が残されています。幽霊話の多くは、怨念を抱いて亡くなり、成仏できないため幽霊となって現れ、恨みの相手を追い詰めて行くというのが、およその話のパターンです。この

——霊と人間、相互のアプローチ——

霊の浄化には人間の協力、理解が不可欠であり、霊も浄化を願い、人間に憑依しようと働きかける。

ような筋だての幽霊話ですから、怖くなければ話としては成り立ちません。幽霊の姿は、髪はざんばら、形相ものすごく、確かに怖い姿形です。

幽霊というのは多くの場合、怨念霊であり、祟りの象徴として描かれているわけですから、怖くなければ話になりません。怪談話の幽霊がペットのように可愛かったら、怨念霊の目的は達せられません。

幽霊の話は人間の作り出した一種の復讐譚《ふくしゅうたん》です。私の経験上、霊が恐ろしい形相で相手を追い詰めるというようなことはありません。

怨念霊は存在しますが、姿形《すがたかたち》を現して恨みを晴らすということはありません。憑依して相手に霊障を与えることはありますが、実際はその当事者でなく、憑依できる人間なら誰に憑依してもよいわけです。必ずしも生前に霊が被害や恨みを受けた人に憑依するわけではないのですから、とばっちりを受けて憑依された人は迷惑な話です。霊は復讐したいというより、浄化してもらって、怨念を消滅し、かつ霊格を高くしたいのです。

霊にしてみれば、恨みの念が強すぎて霊界にすんなり入っていけないから迷っているわけで、復讐を実行するために、この世をさまよっているわけではありません。すなわち、浄化して霊界に居場所を見つけたいのです。少しでも高い位に昇格したいために、人間に憑依して、浄化を訴えているのです。憑依された人間が浄霊を受けて霊格が高くなれば、憑依した霊も自然に浄化して高級霊に昇格します。

絶えず働きかけて来る霊を恐ろしいと思ってはなりません。霊は自分とともに歩むパートナーなのですから、恐ろしいと思わずに、愛しいという気持ちで接しなければなりません。霊は人間による浄霊によってしか高い位に上ることができないのです。

霊は自然に昇格することもありますが、それは数百年という気の遠くなるような時間がかかるといわれています。霊が人間の力を借りてスムーズに浄化して高級霊になりたいのです。私たちは霊の悲しみに理解を示して、絶えず浄霊を心がけ、霊と共に霊格を高めて行くことが大切なのです。

霊と一体化した人生は霊によって導かれたり、霊によって守られたりするのです。霊がいつも浄化されていれば、人間を守護する霊のパワーも強くなります。共にある霊の力が強ければ、その人間も人生の強者となります。

霊を味方につける人生――ひとつの守護霊理論

三十年ほど前、守護霊がブームになったことがあります。守護霊に関する著書が氾濫し多くの人が守護霊について語りあったものでした。

霊によって人生を導かれたり、霊によって危険を回避できたり、霊のおかげで困難を乗り切ったりするということは、守護霊理論に似ています。霊を味方につけて豊かな人生を歩もうという私の提唱は、一つの守護霊理論の実践といってもよいかもしれません。

一般的に語られている守護霊は、本人に関係のある先祖霊や本人に関わりのある高級神霊がその人の守護霊（守護神）となってその人の生涯を守るというのが基本的な考え方です。私の研究によれば、必ずしも、自分を守護してくれる霊は先祖や関係の深い高級神霊とは限らないのですが、そのように考えることで、自分が納得でき、心に安らぎが得られるのであれば、そのように理解しても差し支えありません。

確かに慈愛深い亡き母が自分の守護霊だと考えることで、霊に対して強い信頼感と愛着が生まれます。母親だけではなく、強く颯爽と生きた亡き父親が、自分の守護霊になって導いてくれたら力強いと考える人にとっては、そのように考えてもよいでしょう。両親にかぎらず、自分を可愛がってくれた祖父母、あるいは、歴史上名を残した先祖の霊が自分の守護霊と考えることで、勇気が湧いてくることもあります。

私は霊視ができますので、私の場合はまぎれもなく、聖の神が守護神となっていることが解ります。先代は聖の神の霊位となっていますので、守護神となって日本神霊学研究会を見守っています。

霊視のできない一般の人々にとって、自分の守護霊を特定する必要はありません。自分の関係者で、亡き人になった懐かしい人、恋しい人、信頼を置いていた人、尊敬していた人等々……、それらの人が、守護霊になって自分を守っていると考えてよいのです。そのように信じて、ますます、精進してたくましく、立派に生きることができるなら、それもまたよきかなです。

学者なら我が師、スポーツ選手なら自分を育成してくれたコーチ、芸能人なら憧れの先輩である大スター……など、自分の守護霊になって自分を見守ってくれていると考えることで、自分の現在に自信を持って精進できます。

ひと口に守護霊といってても実はいろいろな形があって、その守護の仕方も霊によって異なるのです。

偉大な仕事を為し遂げた人などが語っています。

「自分は幼いときから神と呼べるようなものに守られて生きてきた気がします。何かを決心したとき、それが危険をはらんでいた場合、中止するようにと声が聞こえてくるのです。私はその声にしたがって行動したために、どんなことに取り組んでも、失敗することはなかったのだと思います」

また、ある事業家はこう語っています。

「ある重大な仕事にのぞもうとしたとき、AかBかの決断に私は迷ったことがあります。悩み苦しんでいるときに、思いがけない答えが突然浮かんでくることがあるのです。私はそのとき、これは何か人知を超えた、例えば神と呼べるものが私を助けているのではないかと考えました。例えば、私が迷いに迷っているときのことでした。半ば夢うつつで《汝の求めている答えは、さいころで決めよ》という声が聞こえたのです。私は我が耳を疑ってベッドに身を起こしました。するとその声はさらに続けて言ったのです。《さいころの目が偶数ならA、奇数ならBに決めよ》と遠い意識の底に響いてきたのです。私は翌朝すぐにさいころを買い求め、得体のしれないお告げにしたがってさいころを振ったのです。

野球少年にとっての憧れのプロ野球選手の存在
歌手志望の少女にとっての憧れの芸能界の大物歌手の存在
医学生にとっての偉大な医学博士の存在
──指導霊のさまざまな形──
指導霊の導きによって、それぞれのスキルが飛躍的にアップすることもある。

そして、そのお告げにしたがって、私はついに難局を乗り越えたのです」

少年時代、野球選手だったという男性は次のように語っています。

「小さいときから、球を握って投げようとすると、スライダー、フォーク、ストレートなどの球種を指示する声が聞こえてくるのです。その通りに投げると、九割くらいの確率で三振を取れたものでした。私は不思議に思い、この話を仲間や親しい人に公開したのですが、私の話を、父以外の人は、誰も信じてくれませんでした。皆はそんな馬鹿な……と言って笑うのです。父だけは、私の話を信じて私を励ましてくれました。父はもともと信心深い人であり、また無類の野球好きで、私の話を心から信じてくれました」

その人のお父上は、昔、氏神様に川上選手のような大選手にしてくださいと毎日のように日参してお祈りしたというのです。

その父上も語っています。

「私の場合は、神様に自分の願いは聞き入れてもらえず、結局、平平凡凡の大工で終わってしまいましたが、私の願いが神様に通じて、息子にその加護が現れたのかもしれません」

父親は喜んで話していました。息子は少年野球でめきめきと頭角を現していきました。

「眼に見えない偉大なお告げに導かれて、私は少年野球大会で、順調に投げ勝って決勝まで進みました。七回の最終回でした。後二人で優勝を手にできるというとき、私に聞こえてきた声はスライダーの指示でした。私は前々回、スライダーを投げて、そのバッターに大きなレフトフライを打たれたことが頭をよぎりました。前々回は、レフトのファインプレーで危機を乗り越えましたが、大きなフライを打たれたことが私の心をよぎるのです。それに、心のどこかで球種の指示は本当に神様のお告げかどうか、心から信じられないところもあり、私は、お告げに逆らって直球（ストレート）を投げることにしました。そのとき、キャッチャーのサインもストレートでした。そして見事にさよならにつながる三塁打を打たれてしまいました。それ以後、私の耳にはお告げが聞こえてはきませんでした」

彼の耳にはそれ以来お告げはなかったのです。以後、投手としての成績も芳しくなく、少年野球チームでは、ファースト、レフト、ライトなどのポジションを転々として、結局大成しないで、高校に入ってからは野球の道に進まなかったということでした。

「あのとき、お告げの声に逆らわなかったら、今でも神様のご加護をいただけていたと思います。私は今でもあの耳元で聞こえた声は、父の願いを聞き入れた氏神さまの導きだったと思っています」

かつての野球少年は、私に、長々と不思議な体験を語ってくれました。その彼も今では中年のサラリーマンになっています。

以上のような話は、私の手元に、たくさん寄せられています。神秘体験の一種でしょうが、さして珍しい話ではありません。不思議な体験に関して、如何なる理由で自分にこのような現象が起きているのか、その理由や原因が知りたいというので、私は鑑定を依頼されたこともあります。その他に、研究データを集めるために、多数の人から聞き取り調査をしたこともあります。

ここに紹介した三例も、そんな中からピックアップしたものです。私の判断では、以上の三例は、いずれも守護神、あるいは守護霊が関わって、本人の人生を導こうとしているケースだと考えられます。

何の関わりもない霊が、気まぐれに助けてくれる場合もありますが、多くはその人の持っている守護神（霊）がその人に力を貸して、その人を導いてくれたものと思われます。気まぐれに霊が力を貸してくれる場合は、通常は一回きりで、くり返し何回も手を貸してくれるということはありません。それに対し、守護霊の場合は、本人の生き方が守護霊の波長と合わなくなって、守護霊の役目を放棄して離脱しない限り、半永久的に同一の守護霊によって守られます。

霊を味方につけるということは、守護霊の力を借りなさいということです。

ただし、守護霊の助力の仕方にもいろいろな形があります。何の働きかけをしなくても危機や困難に手を差し伸べて、本人を守ってくれる場合と、祈りを捧げ本人の強い意志を霊に訴えることで、その願いに応えて、困難や危機に手を貸してくれる場合とがあります。どの方法にしろ、霊の助力によって危機を乗り切ったり、困難を解決するということは現実に幾つも起こりえる現象です。

霊には『善霊』も『悪霊』もある

霊を活用して霊とともに幸せな人生を歩もうというのが、日本神霊学研究会の会長である私の主張です。ところが、その霊が必ずしも、人間にプラスに働く善い霊ばかりではありません。霊の中には、善意の人間に憑依して病気にしたり、悪事の道に引き込もうとしたりと、人間にとって警戒すべき悪霊もあります。

私たちは人生を上手に生きていくためには、悪い霊の憑依を防御し、善い霊との交流を絶えず行うことが大切なのです。それによって爽やかな人生を歩むことができるのです。

ただ現界に関わっている霊は、善霊、悪霊にかかわらず、数え切れないほどおびただしい数であり、また善悪が色や形で区別されているわけではないのが厄介です。肉体を持っていたときは一人一人、目鼻立ちが変わって、背たけも違います。生きている人間の区別は簡単につくのですが、肉体から幽体が離脱し、やがてその幽体から魂が抜け出すと、霊の善悪の区別は難しくなります。

通常は死者の霊は霊界に居場所を見つけます。その後、浄化し続けながら、高級霊（善霊）となって人間のよきパートナーとなるのが善霊です。

これに対して、霊界にすんなりと入れない事情があり、したがって霊界に居場所もなく浮遊霊（低級霊）となって人間に憑依して、憑依した人間に病気を発症させたり、あるいは不運の道に引き込むなど、ダメージを与えるのが悪霊です。しかし、通常は事前に善い霊、悪い霊の区別は解りません。

私たち、霊とともに生きる者は、絶えず自分の魂の霊格を高めておく必要があります。霊格を高めることで、低級霊の憑依を回避できるのです。憑依する霊は、自分と波長が同程度の霊格の低い人を狙います。憑依霊から逃れるためには自己の霊格を高めることが一番確かな方法なのです。

いつも憑依霊の話をするたびに、私の脳裏をよぎるのは、免疫力、自然治癒力など、人間界における健康談義です。健康でいるためには日常の健康管理をしっかりと行って免疫力を高めておけといわれています。

免疫力とは文字どおり、病気を免れる力のことです。同じような病因に接しても、免疫力の強い人は病気にかかりません。極端な例ですが、同一の病原菌を摂取した場合でも、免疫力の強い人は病気を発症しないことがしばしばあります。その逆に、免疫力の弱い人は小さな病源でも病気を発症しやすいのです。

霊の憑依についても、同じようなことがいえるのです。免疫力と霊格はいささか意味が違いますが、同じようなニュアンスに受け止めることができます。

免疫力は病気から逃れる力のことであり、霊格の強弱によって憑依霊を受け付けなかったり、憑依霊の餌食となったりします。まさに、霊格は免疫力と同じようなものです。

どのようにして霊格を高めるかは、Part 4、5辺りで詳しく述べることにいたします。ここでは、とりあえず善霊、悪霊の存在について認識を持っていただければ、本項の目的は達せられます。

霊魂実在の仮説や伝聞

霊魂実在についての根拠はプロローグでも述べました。本章（Ｐａｒｔ１）でもいろいろな事例を並べて述べてきました。霊魂実在の根拠が曖昧《あいまい》なままでは、人生を霊と共に歩むということはできません。

今まで述べてきた霊魂の種々相にもう一つ踏み込んで従来の仮説や伝聞を私なりに検証してみたいと思います。話の展開には重複するところもありますが、引用する事例は新しく資料から抜粋して解説いたします。

霊魂の実在は世界的に論じられています。日本だけの現象ではありません。霊界についての関心は人類共通のものです。

●交霊実験や降霊術

霊魂実在の科学的検証のために「交霊実験」が行われることがあります。実験はいろいろな形がありますが、一人の霊媒に霊を降ろし、霊媒を通じて霊と交信するわけです。霊媒の能力や参加者の意識によって実験が左右されますので、交霊実験は信憑性に欠けることもあるといわれています。

交霊実験の基本的な形は、死者を特定し、その死者と霊媒を介して会話や交信をするわけです。いささか滑稽ですが、織田信長を呼び出し、本能寺の変の最期について交霊したという話を聴いたことがあります。さらに、霊によってテーブルを持ち上げたり、トランペットを演奏させたりすることもあります。多くの場合、交霊実験は暗くして行うことが多いので、手品や魔術の類いではないかと疑う人もいます。

交霊には霊媒の存在が大きいということは、霊との交信は一般人では難しいという証明になります。霊媒による死者との交信は古来から日本でも行われてきました。

死者との交信は日本では「口寄せ」と呼ばれています。我が子の霊や夫、両親など、肉親の死者を霊媒に降霊して、霊媒の口を借りて死者の言葉を聴くというわけです。霊魂の実在を信じての習慣ということになります。青森県の恐山のイタコと呼ばれる巫女たちは代表的な霊言霊媒です。

霊の実在を信じていればこそ、わざわざ出かけて行って死者の言葉に耳を傾けるわけです。少なくとも霊の存在を頭から否定する人には口寄せは、ナンセンスな三文芝居としか考えられないでしょう。

霊媒に死者の霊を降ろし、霊の意志を確かめることもあります。霊媒自身が自らの意志で霊を降ろす場合もありますが、呪術者（霊能者）が霊媒や第三者に霊を降ろすこともあります。一種の降霊術ということになります。除霊のために憑依霊を降霊し、霊を説得することもあります。降霊で、霊の降りた人はトランス状態（神がかり的意識の喪失）になって霊の言葉を伝えます。霊の実在を疑う人には、霊の降りた状態が夢うつつであるところから、一種の催眠術ではないかと語る人もいます。

●霊能力と超能力

ここで霊能力と超能力の違いについて私見を述べさせていただきます。霊能力者は実在する神霊（超絶対的力）や心霊（霊魂）に対して特殊能力を持っている人です。

例えば、神霊や心霊と交信ができ、霊を浄化する浄霊（神霊治療）の力を身に付けている人が霊能者です。また、霊能者は、同時に霊言を理解し、霊視ができ、霊を活用する力を身に付けています。

霊能力と超能力が混同されていることがあります。超能力も確かに常人には聞こえない音が聞こえたり、常人が見えないものが見えたりするわけですから、霊能者と混同されることもあるのは当然です。

確かに霊能者も超能力者も似ているところがたくさんありますが、その能力の質はまったく違います。もちろん両方兼ね備えている人は別ですが、まずそんな例は少ないと考えてよいでしょう。最高級の超能力者といえど、神霊（心霊）を活用することはできません。したがって浄霊（神霊治療）はできません。

密閉された箱の中身を当てる透視という能力を超能力者は持っています。しかし、超能力者といえど、霊現象を霊視することはできません。ところが、霊能力者はまれに透視の能力を発揮することがあります。これは、その霊能者が、透視の能力を持っているというより、神霊や心霊の力を借りて的中させるのであって、結果は同じでも霊能者に透視能力が備わっているわけではありません。

偉大なスポーツ選手はある意味で、秀でた能力を持っているので超能力者と呼んでよいでしょう。彼らは生まれつき素質があり、鍛練によってその素質に磨きをかけて技の向上をはかります。

昔の武芸者や忍者も一種の超能力者です。神業の達人などと呼ばれますが、常人の真似ができないことができるのですから、神業の武芸者は、超能力者の一つの形であることは間違いありません。

　伝説の忍者は三十間離れた場所で落とした針の音を聞き分けたとか、百間離れた暗闇の中のねずみの動きをとらえたなどというエピソードが残っています。

　実際、超能力的素質は人間なら誰でも持っているといわれています。極限に追い詰められたとき、思わぬ力が発揮できることがあります。火事場の馬鹿力などといわれる現象は切羽詰まったときに人間の潜在能力が発揮されることです。

　超能力には予知能力もあります。予知には天変地異を初めとして科学や理屈で予知できないものに感応することです。現代は、科学の進歩が目覚ましいから、超能力者の予知に頼ることも少なくなったと思います。しかし、世の中には機械でもコンピューターでも予測できないものを予測する超能力や霊感は確かに存在します。

　私の知り合いの九州の某寺の住職は、檀家に病人もいないのに、人間が死ぬ予感がして、どうも胸騒ぎがすると言っていたことがありました。

　その翌日、私は所用で寺の近くを通ると、通夜の準備をしていました。誰かが死ぬのではないかと、昨日、胸騒ぎを私にもらしていた住職の言葉を思い出して、半信半疑の気持ちで顔を出してみました。

「やはり不幸が的中しました……」

住職は私の顔を見るなりそう言いました。

「檀家の中に寝込んでいる人がいれば、たいてい、死期を予感するのですが、昨日まで、そのような人は誰もおらんばってん、おかしゅう思っておりましたんや。今夜の仏さんは、昨日の夕方、心臓発作で急死したんですわ」

住職は語っていました。その和尚、檀家の通夜の日をぴたりと当てることを家族の人は誰でも知っていました。

通常の場合は、檀家の中に病人がいるときに限って通夜の日を言い当てていたといいますから、それほど不思議な予知能力とは誰も思っていませんでした。長い体験から、病人の終末がおよその見当がつくのであろうと、家族の誰もが考えていました。しかし、今度のケースは違います、健康だった人が突然亡くなられたのです。急死に対しても予知できたのですから、やはり特殊な能力といえるのかもしれません。

霊能力でも死期は予知できます。これは、その人と共に歩む守護神や守護霊が本人の生命力の弱まりを感知しているために、霊能力者の霊視に感応するためだと思います。

私は幼いとき「どこそこの××おばちゃんが死ぬばい」と言って母にきつく叱られたものです。私は幼いながら、生まれつきの霊能力で、関係者の死を予感したのでした。

人の生き死にのことを軽く口に出したことで母に叱られましたが、側で初代の聖の神霊位（父）は驚いた顔をして、「お前にもわかったか……」と言ったことを今でも記憶しています。父には人の死に対して予感があったのです。

なぜ人の死が予感できるかということは、前述のように守護神（守護霊）が、その人間の生命力の衰退をキャッチしているからです。徐々に弱まっていく生命力は守護霊には、すでにわかっていたのです。肉体の健康と生命力は連動していることが多いのですが、時には一見体が丈夫でも、実はその人の生命を燃焼させる力が、実人生で、衰えていることがあるのです。そのことが守護神（霊）にはわかるのです。そのために、前述の住職には胸騒ぎという形でその人の死が予感できたのです。もともと住職には天性の霊能力があったものと思われます。

それほど深刻な予知でなければ通常の人でもしばしば経験しています。例えば、何となくあの人と逢いそうな気がしていると、ばったり街で出くわしたりすることがあります。また、そろそろあの人から連絡がありそうだと思っていると、メールやはがきが届いたりすることがあります。これは多分に生活体験からくるリズムやサイクルによる予感なのでしょうが、やはりあの人と逢いそうだと思っていると逢えたり、今日あたり連絡があるのではないかと考えていると、連絡があるのですからやはり不思議な感じはします。一種の予知といえないこともありません。

私たちは「虫の知らせ」という言葉を時々使います。よいことにつけ悪いことにつけ、何かを予感することを虫の知らせという言い方をします。人間や動物には本能的に予感の能力が身に付いているのかもしれません。よからぬ事が起こりそうだといっせいにネズミが一つの建物からいなくなったり、めったに鳴きわめかない犬が、突然落ち着きなく吠え出したりします。

余談をいろいろと述べましたが、超能力者は、霊能者と同様、人間の持っている特殊な能力の一つといえるのかもしれません。

●念力と霊能力

念力というのは物理的力に頼らないで自分の強い願い（念力）によって目的を実現するということです。

例えば、さいころを振るとき、出したい目を強く念じることで、高い確率で願った目が出る場合など、念力のパワーが作用したと考えられます。人間の強い願望が現実を変革することを念の力、すなわち念力と呼ばれています。端的にいえば、《念》とは人間の強い想念のことです。

この人間の強い思いは神霊学的にも重要な意味を持っておりまして、生きている人間の想念によっても病気や災難が起こることもあります。「念と病気」に関しましては、霊と病気の「Part 3」で詳しく解説します。とりあえず、ここでは基本的な常識だけを学んでいただきたいと思います。

念力のパワーに、本当に実効性があるかどうかという点ですが、私は何度も「念」についていろいろな局面に立ち会っていますので、念力のパワーの偉大さも恐ろしさも知っております。

常人でも、日常生活で、例えば「視線を感ずる」とか「気配を感ずる」というようなことがあります。視線を感じるというのは、誰かに見つめられているのではないかと思うことです。誰かに見られているのではないかという思いは、見つめる人の念が見つめられる人に届いているという一つの証明になります。

誰かが注視しようと思っているから見られている人は視線を感じるのです。漫然と見られているだけでは視線を感じるということはありません。視線に念が込められているから見つめられることで視線が感じられるのです。

オーバーな言い方をすれば、最大限の念を視線に込めれば、見つめられる人は視線を痛みとさえ感じることがあります。

誰かに尾行されているのではないかという「気配」は常人でも感じることがあります。同様に誰かに覗かれているのではないかという「気配」も感じることがあります。このような「気配」も人間の念が込められているから気配として感じるのです。

尾行にも覗きにも意志があります。尾行は相手の行く先を確かめようという意志があります。覗こうとする人間は、相手がどんなことをしているか確かめたいという意志があります。意志、思い、詮索などには念が込められています。ゆえに、気配として相手に伝わるのです。

尾行しているのではなく、単に向かう方向が同じというだけでは、相手に気配として伝わりません。覗こうと思わずに単に視線を向けただけでは相手に気配として伝わることはないでしょう。

強い意志を秘めて相手に働きかけることで、相手はこちらの念に反応します。小さな実験ですが、無心に本を読んでいる人をこちらに向かせようとして念を送ることで、その人はふと、違和感を感じて顔を上げれば、念力が作用したのだと考えることができます。

忍者が姿を隠すとき、自分の意志や念を消滅させるといわれています。九字を切って両手を組み心にマントラを唱えるのは念（気配）を消滅させるためだといわれています。念を消滅させることで、樹木や岩石、すなわち念を持たない物体と同化し、完全に姿を隠すことができるのだといわれています。

念のパワーの実証でよくいわれるのは「念写」についてです。念力によって撮影された写真を念写といいます。自分の想念の映像化ということです。例えば自分が川という文字を心に念じれば、写真のフイルムに川という文字が焼きつけられるということです。これが念写真ということです。

この念写実験に生涯を捧げたのが、東京帝国大学の研究室員を経て高野山大学の教授を歴任した福来友吉博士です。

博士はもともと心理学の学者でその研究過程で念写に興味を抱かれたのでしょう。念写や透視といった超心理学的な謎に博士は挑んだものと思われます。

「念写」の事実はともかく「念力」という強烈なパワーは、霊能力のカテゴリーにも含まれる興味ある現象です。

●霊現象の不思議

プロローグ、本章（Part 1）でも述べていますように、通常は霊魂は常人の前に姿を現したりしません。私たち霊能者と呼ばれる特殊な能力を持った者が霊と交信したり、接触をすることができるのです。

しかし、霊的現象の数々は、過去、現在を含めて多くの人が体験していることです。霊現象は神霊や心霊が人間に認知できるように示した一つの「幽姿現象」です。

例えば、死者が現界の人に別れを告げるために、人間の形で現れたりします。実際に幽姿現象を体験した当事者はたくさんいます。

ある男性の話ですが、最愛のフィアンセが病気で長期入院をしていました。相当な重病で、退院して結婚までたどり着くのは大分先のことと覚悟をしていました。

ある夜、ひょっこり彼女が現れたのです。玄関に立っている彼女に上がるように言いますと、にっこり笑って首を振りました。

「今日の午前中に退院許可が出たの……。とにかく早く逢いたかったので訪ねてきたのよ。これからお家に帰らなくちゃ……。両親にも退院を知らせてないのよ。明日、家にいらしてね」

彼女は握手の手を差し伸べたのです。彼はしっかりと彼女の手を握りました。

彼女はそれだけで帰っていきました。

それから、二十分後、一本の電話がかかってきました。フィアンセの入院していた病院からでした。今しがたフィアンセが息を引き取ったという知らせでした。

電話口の父は嗚咽を噛み殺して言いました。

「息を引き取る少し前に、きみの名前を呼んで握手って手を差し出すんだ……。私が手を握ってやるとにっこり微笑んで息を引き取ったよ」

彼は愕然としてその場に座り込みました。死の直前、彼女は自分のところに逢いに来たことを知ったのです。深い悲しみの中にも大きな感動を受けたということです。

この話は誰にも信じてもらえないだろうと思いながらも、自分の胸だけにしまっておくのは辛くて、彼は、翌日、通夜の席でこの不思議な体験をフィアンセの両親に話したそうです。両親ばかりか、列席者の誰もがこの話を心から信じたそうです。

「ああ、あの子はあなたに逢ってからあの世に旅立ったのね。よかったわ……」

母親は激しく泣きながらもそう呟いたということです。

また、次のような話も霊魂の実在と霊の不思議を伝える貴重な実話です。

前述の話に似た話になりますが、大阪のタクシーの運転手に聞いた話があります。

その運転手は大阪市内の病院の前から若い女性を乗せました。行く先は同じ市内で、メーターも二千円足らずの近い場所でした。

乗客の誘導で着いたところは二階建ての住宅でした。玄関には忌中の張り紙がありました。運転手はこの家の縁《ゆかり》のお嬢さんが焼香に駆けつけたのだろうと納得しました。タクシーを降りるとき、女性は今、車代をもらってくるから少し待っていてくださいと言って降りました。二千円の持ち合わせもなくタクシーに乗ったのだろうかと運転手はいぶかしく思いましたが、言われるままに待っていたということです。

しかし、十分以上も待っているのにその女性は現れません。運転手はしびれを切らして玄関を開けました。上がりがまちにいる婦人にことの子細を話しますと、運転手の言葉に怪訝な顔をしました。

「誰も入ってきませんよ」と運転手に言いました。

運転手は神妙に並んでいる葬儀の客に視線を走らせたのですが、確かに先刻の若い女性客はおりません。

運転手は奥の座敷に座っている数人の顔も見たのですが、そこに座っている人の中にも先刻の女性はおりませんでした。

おかしいな？

と、思って何気なく柩《ひつぎ》の後ろに飾られている写真を見ると先刻の女性客とそっくりなのです。

思わず運転手は「あの人です！」と叫びました。

読者もおよそのことが理解できたと思いますが、死んだ女性の霊魂が、自分の葬儀の場所に病院から駆けつけたのです。

その女性は睡眠薬の多用で病院に担ぎ込まれ、四十八時間も昏睡状態でいて、心不全で三日めに亡くなったのです。あまりに急な突然死で、病院内に霊魂はさまよっていたものと思われます。しかし、霊は自宅に帰りたくなったのでしょう。実際、霊魂は時間も距離も超越していますから、その気になれば一瞬にして戻れるのですが、自分の家に寄せる思いの激しさを知らせるために、霊媒体質の運転手をともなって我が家に戻って来たものと思われます。

この話を運転手に聞いた父親は、タクシー代を支払い、その領収証を娘の形見として肌身放さず持っているということです。娘の霊の狙いは達せられたということになります。読者は、以上のような話を霊魂実在の証として信じられるかどうかです。素直に信じられる人は霊とともに、これからの人生を切り開いて生きていかれる人です。

霊は偉大なパワーを持っていると同時に、人間に寄り添って生きようとするやさしい一面も持っているのです。

Part.2

運命が激変したら霊の力と考える

霊界の法則を知れば悪い運命から逃れられる

大多数の人は「運命」は人間の力ではどうにもならないものとして受け止めています。人間の力では逆らえない絶対的な力によって人生を歩まなければならないこと。それが運命であるとほとんどの人は考えています。

「こんな人生を歩むことになったのは、結局、それが自分の運命だったのだ……」

「嫌いな仕事だけど、この職業に就いたのは自分の運命だったのだ……」

「自分は若くして病気になる運命だったんだ……」

私たちは運命という言葉をそのように使います。

例えば、岩波の国語辞典・第四版の「運命」の項目には「人間の意志にかかわらず、身にめぐって来る吉凶禍福」と解説されています。ようするに目に見えない絶対的な力で良いことや悪いことに投げ込まれ、翻弄されるということを言っているわけです。人間の意志ではどうにもならない、一つの定めということです。

「運命」は「宿命」と同じような意味で使われることもあります。宿命というのは、生まれたときに人生の一切はあらかじめ決められているという考え方です。運命論者は宿命論者でもあります。

確かにいくら努力しても恵まれない人がいたり、労せずして功なり名をとげるという人もいます。すなわち、あらかじめ幸運の星を背負っていたり、不幸な星のもとに生まれたりということです。確かに人それぞれに与えられた運命は、人間の力ではどうにもならないように思えます。

仏教の開祖お釈迦さまも、自分のように労せずして王家に生まれ栄華を尽くせる人もいたり、生まれながらに奴隷の境遇という人もいる人生の不条理について真剣に悩みました。お釈迦様は、皆さん周知のように王家の王子様です。お城の高台から領地を見回しますと、奴隷は来る日も来る日も苛酷な労働に従事しています。自分は王家に生まれ、あの奴隷たちは奴隷の家に生まれました。同じ人間なのに、王家に生まれたり、奴隷の子供に生まれたり、不条理そのものだとお釈迦様は考えたわけです。すなわち端的にいえば「人間の運命」についてお釈迦様は考え込んだというわけです。

さて、霊界と運命について私の所見を述べてみます。

ずばり、人間の運命と霊は密接な関係があるのです。人間は誕生と同時に運命を共にする霊が寄り添います。守護神というより背後霊的な運命共同体です。

人間の誕生と同時に寄り添う霊は、両親の霊格に相応した霊であることが多いのです。霊格の高い両親から生まれた子供には守護霊的な高級霊が寄り添いますが、霊格の低い両親から生まれた子供には低級霊が寄り添うことがあります。まさに、子供の運命は人生を共に歩む霊魂によって決められてしまうことが多いのです。

ただ、自分に寄り添う霊は、その後の本人の生き方によって高級な霊に上昇したり、低級霊に入れ代わったりします。

一年に何回か、ご夫婦揃って浄霊にいらっしゃるというケースがあります。奥様は妊娠している場合が多く、この場合は、胎児が健やかに育つことを願っての浄霊です。これは、霊学的には理にかなった方法です。浄霊をくり返すことで両親の霊格が向上しますので、子供の誕生前の浄霊は良い結果をもたらします。浄霊により、愛児に高級な守護霊が寄り添ってくれるのは何よりです。そのためには親がまず、自分の霊格を高めておくというのが基本的な考え方です。

このように人間と霊の関わりは誕生のときからです。霊格と人格はイコールの場合が多いので、より自分が向上し、人間的に自分を高めていく努力をすることが必要です。心して浄霊の日々を送り、自分、及び、自分に寄り添っている霊が大霊界において高い位を得るように努力することが大切なのです。

私の接した例では、子供が低級な背後霊に翻弄されているケースとして、いじめ、ひきこもり、暴力、登校拒否、万引きなどがありました。悲惨な例としては自殺という場合もありました。まことに恐ろしい話です。

自分自身の霊格によって、子供、孫にまで影響が及ぶのですから、いつも、心して霊格を高める修行を怠ってはいけません。要するに低級霊を寄せ付けないような自分作りということです。高級霊に守られているかぎり、運命は好転し、幸せな一生を送ることができるのです。

金運も貧乏神も霊の仕業

自分に寄り添っている霊が昇格して、高級霊になったために思いがけない幸運が次々に我が身に及ぶということがあります。もちろんその逆もあるわけで、低級霊が力を強めて、次々に思いがけない災厄に見舞われ、人生を踏み外すことだってあります。

私たちの人生劇場にはさまざまなドラマが繰り広げられています。ある時期から何をやってもうまくいき、見る見るうちに出世の道を駆け上がるという人もいます。また、その逆に何に手を出しても、うまく行かず転げるように人生を転落していく人もいます。

一般的な視点では、その理由はわかりません。人々は理由が解らないのですから、「あの人は運のよい人だった」「あの人は運の無い人だった」というふうに、ひと言で決めつけてしまいます。

運というのは目に見えない勢いであります。その勢いが何事にも的確に働いて良好な結果をもたらします。

運気の強い人はマイナスの方向につま先が向かいません。良い方向にだけ進みます。行くところ、全てがプラスの場所なのですから成功疑いなしです。

悪運の人は、どういうわけかマイナスの渦巻く場所に好んで進みます。マイナスの要件が揃っているのですから、何にチャレンジしても、うまく行くはずがありません。全て悪い結果が待ち受けています。こんな悪運の人が、事業を起こしてもうまく行くはずがありません。倒産は時間の問題です。

全項で述べたように人間の意志にかかわりなく見舞われる吉・凶・禍・福を人々はそれ

運の強い男性
（守護霊の力がみなぎっている）
本人の生き方により（浄霊をすることにより）
高級霊が寄り添い導いてくれる。
運の悪い男性
（守護霊の力が弱い…）
運命は自分に寄り添う霊が関係している。
守護力の強い霊と日々歩むことが大切。

を「運命」と呼びます。ところが、運命というのは自分に寄り添う霊が関係していることがほとんどなのです。

すなわち、運が強いということは、自分に寄り添う霊の力がみなぎっているということです。運の強い人を分析すると、守護霊の守護力が強いという場合がほとんどです。

その逆に運が悪い人は、自分に寄り添う霊が、何らかの事情でエネルギーを失ったり、強力なマイナスの気を発散している低級霊に入れ代わってしまったりした人です。これでは守護霊の守護力を期待することはできません。

仮にあなたの行く先にY字路があったとします。もちろんあなたには、どちらの道がよいかどうか解りません。一方の道は花咲き乱れる美しい道路で、もう一方は崖崩れで通行禁止の場所です。おまけに道はぬかるみの悪路です。

あなたは行く手に何が待ち受けているか知りません。あなたの勘でどちらの道かを選ばなければなりません。

あなたの守護霊の力が強ければもちろんよい道を選びます。それに対して、あなたに寄り添う霊が低級霊なら悪路の方にあなたを導きます。これは単純な霊の法則です。

そのことを気がついていない人は、「おれは何てツイていないんだ……」とぼやきます。

もし、守護力の強い霊と共に歩む人は良い道に導かれます。霊に護られていることに気がつかない人は「おれはツイている！」と無邪気に喜んでいるのです。

私が時々浄霊をして差し上げる会員さんがおります。この人を仮にSさんと呼びましょう。Sさんは瞑想、浄霊など、日々精進して霊格を高く保持しております。仕事も好調そのものです。Sさんは何をやっても成功しています。

Sさんは、最初は、自分が運がよいのは偶然だと思っていたようですが、あるときから、自分がスムーズに人生を生きていられるのは、目に見えない力によってサポートされているからに違いないと考えるようになりました。

Sさんは、人間的に素直な人ですから、自分が好調の人生を歩んでいられるのは、自分の守護霊と日神会の祭神である聖の神のお陰だと信じています。

「何かを決断しなければならないのに、選択肢が多くて決めかねているとき、私は聖の神にお伺いを立てるのです」

Sさんは私に語りました。

「お伺いを立てるときは、静かな部屋にこもり、聖の神の御札をお供えしている棚に向かって口に出してはっきりと、知りたいことを申し上げてお答えをいただきます」

Sさんは、私に自分の作法というか、祈り方というか、自分が実行している小さな儀式について私に克明に語ってくれました。

まず、祈りの場所に入ったら、聖の神の御札を仰ぎ、三度両手をついて礼拝します。それから「守護霊様、聖の神様、どうか私の迷いにお答えください」と唱えて深く一礼します。その後、自分の求めている答えの趣旨について、できるだけ詳しく申し述べるのだそうです。述べた後、再び深く一礼します。

それから、目を閉じてお告げを持ちます。三分ないし五分程度の時間が経過しますと、どこからともなく清らかな声がして、彼の知りたい問題に答えてくれるというのです。

その導きの声は、神霊あるいは高級心霊のいずれなのかの詮索はともかく、彼に寄り添っている霊の助言によって答えがもたらされているのは確かなことだとSさんは、心から信じています。

Sさんの霊との関わり方は、Ｐａｒｔ１で述べた偉大な事業家が幼いときから、神と呼べるようなものに守られて生きてきた気がすると語っている話に似ています。その事業家が何かを決行しようとするとき、それが危険をはらんでいる場合、中止するように声が聞こえてきたといいます。その声にしたがって行動してきたため、どんなことに取り組んでも失敗しなかったという話をＰａｒｔ１で紹介しました。

もう一人の事業家はあるとき二者択一の結論に迫られて悩んでいるとき、さいころで決めよという声が聞こえたというエピソードもＰａｒｔ１で紹介しました。この場合はさいころを振って奇数が出たらA、偶数が出たらBに決めよと導かれました。

Sさんを導く霊も前述の話と同様、守護霊に類する性質の神霊（心霊）であることは間違いありません。

ただSさんの場合は、自ら霊に働きかけ、導きを求めているわけです。霊はSさんの願いに答えて正しい生き方を教え、導いていることになります。

神霊（心霊）は共に歩む人にさまざまな恩恵を与えてくれます。その逆に不運や悲しみを与える霊もあります。

私たちは悪い霊から逃れ、運をもたらす霊とお付き合いをしなければなりません。お金持ちになるのも、いつも金銭に困るような貧苦の生活を強いられるのも霊の力が関わっているのです。

思いがけなく金銭が入ってきて豊かになるのは「金運」に恵まれているからです。実際は「金運」という特別の運があるわけではなく、全てに強運の人は、お金の面でも運があるということです。その逆に運の無い人は、何をやっても思うように行かず、貧しい生活に追い込まれていくということになります。貧乏神というのは、まさに低級霊そのものだということです。

ひらめきを与えてくれる守護霊

守護霊が力を強めている場合は、本人の能力を超えてさまざまなことを実現することができるものです。すなわち、霊の力によって本人が超能力者になっているのです。霊は相手の心を読み取ったり、予知する力があったり、防御の力を持っているので、仕事や研究において想像を超えた威力を発揮することができるのです。

例えば難しい交渉でも、相手の心の動きが把握できるのですから、有利に話合いを運ぶことができます。

面白いのは、相手にも寄り添っている霊があるわけですから、交渉ごとは、霊と霊との一つの闘いということもできます。

神奈川県のあるサラリーマンは難しい会合があるときは、必ずその前に日神会の東京聖地に来て浄霊を受けています。浄霊によって霊の力を高めて会合に臨むというわけです。相手の霊より、こちらの霊の力が勝っていれば、その話合いは有利に進むというわけです。霊の力が最高に働いているときは、交渉において次々に「ひらめく」ものがあります。予想もしないひらめきが次々に浮かぶのですから、話合いにしろ、仕事を進めるにしろ、有利に物事が展開していくことになります。

ひらめきというのは、ある種のアイデアということです。例えば新しい物品を開発するためには、従来の商品にはなかったアイデアが随所に散りばめられていることがよい商品か否かの岐路になります。

予想もつかないアイデアがたくさん詰め込まれた商品は優れた商品ということになります。守護霊が活発に働いているときはよいアイデアが次々に生まれます。

人間の行動にはひらめきが必要なのです。人生の勝負にしろ、仕事の勝負にしろ、いかに鋭いひらめきがあるかということで勝敗が決します。ひらめきは潜在的な思考が突然表面に浮かび上がるというものもありますが、片鱗さえも考えたこともない思いがまるで稲妻のように閃光を放って心の闇を照らすように浮かび上がってくるひらめきもあります。これはまさに守護霊（神霊）の援助にほかなりません。

私自身は、精神修養と体力増強のために空手を鍛練しておりますが、私に寄り添う神霊の力が活発なときは、対戦相手の動きは手に取るように予測できるのです。これもひらめきであり、超能力のひとつで、守護霊の導きであるのはいうまでもありません。

私たちは、いつの場合も共に寄り添う霊の力を高めておき、ひらめきを磨くことが大切だということです。

人間は弱い存在かもしれません。しかし、霊（神霊）の力は無限です。その霊（神霊）の力を私たちは利用して強く生きていくことができるのです。それは取りも直さず、霊（神霊）の与えてくれる「ひらめき」の威力で人生を切り拓くということです。

突然のマイナス思考は低級霊の憑依

プラスに働く守護霊の偉大なサポートは人間に「ひらめき」を与えるということをお話ししました。

ところがその逆もあるのですから困ります。それが霊界の仕組みなのです。その仕組みを知ることで、人生を勝ち抜くために守護霊を活用しなければなりません。

ある日を境にマイナス思考の虜になる人がいたら、守護霊が低級霊と入れ替わっていることを疑わなければなりません。

マイナス思考というのは文字通り、ためにならないことばかり考えることです。前向きに生きようとしないで、後退することばかり考えることがマイナス思考です。

困難に直面したときに「よし、この困難を解決してみせる」と闘志を燃やして立ち向かう人は前向きの人であり、プラス思考のできる人です。その反対に、困難が立ちはだかったとき「ああ、これはだめだ」と現実から逃避しようとするのはマイナス思考です。マイナス思考の人は、努力をする前に投げ出してしまうわけです。

人生の重大事というような場面ばかりではなく、些細な行動にしばしばマイナス思考は顔を出します。

人と会いたくない。連絡するのはおっくうだ。お化粧するのは面倒臭い。出かけるのは気が進まない……。何事にも消極的というのもマイナス思考のひとつです。怠惰に似た思考の形です。低級霊の憑依によく見られるパターンです。

何か行動を起こす場合、行動の結果を最初から「不可能」だと断じてしまうマイナス思考もあります。すなわち行動に移す前に、「とても無理だ」と自分でマイナスの結論を出してしまうのです。

私たちの人生は本来、肯定の人生なのです。人生を肯定し、人間を肯定し、生きるという意志を肯定しています。

マイナス思考にとらわれると、あらゆることを否定というフィルターを透して人生を見ようとします。その行き付くところは虚無と絶望の世界です。

今までは通常の人で、ごく普通にプラス思考で生きていた人がある日から、急に投げやりになり、考え方がマイナス思考に変わったら、低級霊の憑依を疑ってみたほうがよいと思います。これは私の経験から申しあげているわけです。

霊の入れ替えということは実際に起こります。

例えばあなたに寄り添っている霊が、あなたと波長が合わなくなってあなたから離脱して行くということがあります。

これには、相反する二つの形があります。

一つは、あなたの霊格は上昇していくのですが、あなたに寄り添う霊の向上が追いつかず、霊との波長が合わなくなり、霊が脱落していくケースです。この場合、あなたの霊格にふさわしい高級霊が寄り添ってくることが多く、むしろその人の運気や生命力が向上します。この場合は良い兆候ですから問題がありません。

もう一つの形が問題になります。

すなわち、あなたに寄り添っている霊が、高い位に上昇したいのに、あなたの霊格は一向に向上しない。それで、あなたから離脱すると同時に、あなたの波長に合う低級霊と入れ替わるわけです。これがマイナス思考の元凶となることがあるのです。

低級霊は自分の寄り添う人が、怠惰で、意地悪で、暗い心の持ち主で、明日に希望を持たないような、自暴自棄のどうにもならない人間であることが望ましいのです。そのような人に寄り添っていれば、自分を向上させる必要もなく、陰湿な霊性のまま、位の低いことに甘んじて、どこまでも堕ちて行けばよいわけです。

こんな霊に寄り添われたら、その瞬間から、あなたはマイナス思考の虜になります。あなたをより落としめて自分の悪い霊気をばらまくのが低級霊の狙いです。

そのような低級霊に取り憑かれた人は災難ですが、低級霊にはそれなりの理由があるのです。憑依霊には、悪い現象をばらまくことで、人間におのれの苦痛を察知してもらいたいのです。強い高級霊の力によって浄化、救済してもらいたいのです。救済されることで、高級霊に脱皮し、霊界に確かな居場所を見つけ、自分にふさわしい人間の守護霊として寄り添いたいと考えているのです。

私が体験した話に次のような例があります。

あるときから、マイナス思考の虜になった中小企業主が自分自身に危機意識を感じて私のところを訪ねて来ました。

「明らかに、自分がおかしいのです」

中小企業主は私に訴えました。彼は、自分の人格が何らかの事情で変わってしまったと感じていました。

精神科の医師に相談することも考えたようですが、神経が病んでいるという感じはしなかったと語っています。

人に会うのも、仕事を受注するのも大儀な感じがしたと彼は告白しています。暗い部屋でじっとしていたいという思いが強かったといいます。その症状はうつ病に似ているが、どうも精神の病のような気がしなかったと述懐しています。

さすがに、若くして独立して会社を起こし、社員を十人ほどを抱える社長で、自分の人格の変化はただ事ではないと感じたのです。気力を振り絞って親しくしている知人に相談して日神会のことを聞き、私のところを訪ねて来たのです。

彼は、神霊に関しての知識は皆無で、もちろん、日本神霊学研究会がいかなるところかも知りません。

それにしても私を訪ねてきたのは正解でした。彼の日ごろの生活ぶりなどを訊き、霊視しますと、明らかに低級霊の憑依による人格の変化です。

以前まで、高級霊が守護霊として寄り添っていたのですが、彼は仕事が軌道に乗って、慢心し、家庭を顧みず、仕事もあこぎな方法でぼろ儲けするなど、人間の道にはずれた生活を送るようになり、本人の霊格が急激に下降してしまったのです。

彼に寄り添っていた高級神霊は、このまま、彼に寄り添っていたのでは、おのれの霊の位が低くなってしまう危機を感じて彼から離脱してしまったのです。

今まで、守護霊のおかげで仕事も軌道に乗って利益にも恵まれてきたのですが、自分の力を過信して、傲慢、高慢、悪行に走ったのです。こんな彼の生き様は、寄り添っていた高級神霊の霊格と波長が合わなくなってしまったのです。

私がそのことを指摘し、思い当たることがありませんかと問いますと、「お見通しの通りです」と頭を垂れました。

彼に霊界の法則について語り、慎んで生活をしなければならないことを説いたのです。

もともと、話の解る人だったので、自分の生き方の過ちにすぐに気がつきました。

私は、二日間にわたって浄霊し、憑依していた低級霊を除霊しました。彼に、自己浄霊の法を授けて帰ってもらいました。

彼にはその後、高級神霊、日神会守護神「聖の神」が彼の守護神として寄り添うようになり、彼の人格の悪い変化も無くなりました。すなわち彼はマイナス思考から脱却できたのです。

今ではユニークな研究によって新商品を開発し、業績も向上しているとの報告をもらいました。月に一度、月初めの土曜日か日曜日、東京聖地に来て浄霊を受けて帰るのを習慣として定着させ、彼なりの運気向上の霊的生活を送っています。

霊対霊で決まる人間関係

人が「運命」と思っているもの、それは霊界の法則で人間に関わってきている霊現象であると前述しました。例えば運命的と思える人間の出会いは、密接に霊と関わっていることがあるのです。解りやすく単純な話を申し上げましょう。

類は友を呼ぶということわざがあります。気の合う友人が自然に集まるような状態のことをいいます。

これは実は寄り添う霊の波長が合う人が自然に引き合っているということの現れなのです。低級霊の寄り添っている人たちの集まりは、暗いじめじめした集団になります。万引きを計画したり、集団リンチを行ったり、自分の波長に合わない人間を集団でいじめたりします。

その逆に高級霊の寄り添っている人はやはり、同じ高級霊の波長の合う人同士で集まります。この人たちは社会奉仕をしたり、世のためになるような行動をします。

霊の波長が合わないと居心地が悪いですから、霊の波長の合わない同士が親しくなることはありません。

皆さんも覚えがあると思いますが、どことい って理由があるわけではありませんが、好きになれない人がいます。私たちはそれを虫が好かないとか相性が悪いなどと表現しています。このような場合も霊の波長が合わないためにしっくりしないことがほとんどです。

表面的には、何の理由もなく好きになれないのですから、理不尽な話ですが、自分の共に歩む霊と相手に寄り添っている霊の波長が合わないのですから仕方がありません。

このような関係が上司と部下だったりすると悲劇です。しかし、これも霊とのコンタクトによってある程度解決できます。Ｐａｒｔ５で詳しくお話ししましょう。

何となく合わない人間関係があるのと逆に、何の理屈もなく心が引き付けられたり魅力を感じたりすることもあります。これは、相手の背後霊に対して、自分に寄り添っている霊が、引かれているということです。引かれる理由は、霊格の位が同程度で同化しやすい部分があるとか、相手の霊格がはるかに高く導いてもらいたいという願望のためということもあります。

まれなことですが、生前何らかの関係があった霊同士が出会ったために霊の相性がどんぴしゃりと合うこともあります。例えば、母と子の関係にあった霊がお互いの守護霊になっている場合など、出会った途端に強烈に引き合うこともあります。同様に、父と子、兄弟姉妹、祖父母と孫、夫婦の霊、まれに師弟が出会うということもあります。

親しい人の霊が守護霊としてこの世で出会うということはまれですが、会ったとたんに好感度という場合はしばしばあります。すなわち第一印象がよいわけですが、これは、霊対霊の相性が抜群ということになります。友達としてつき合う分には霊対霊の相性がよいほうが居心地がよいのですが、仕事関係となると、必ずしも仲良しグループが成功するとは限りません。上手に霊をコントロールして霊を味方につけて、人間関係を盤石にしていくことが大切です。

夫婦は霊の相性が悪いと冷たい家庭になったり、しまいには離婚ということにもなりかねません。お互いに寄り添っている霊が同じように霊格が上昇して位が高くなっていけばよいのですが、必ずしもそのように行きません。どちらかの霊より片方の霊が位が高くなったりすると家庭の中がぎすぎすしてきます。夫婦は日常生活において、お互いに霊格を高め合うことが大切です。間違いを許し合い、人格を向上させるように夫婦で協調しあうことが霊性の一致には欠かせません。

人生を左右する霊の力

私たちは、好むと好まざるとにかかわらず、自分に寄り添う霊によって人生を左右されているのです。それが大霊界の法則なのです。そのときは気がつかなくても、後で考えて霊現象ではないかと思い当たることが沢山あります。

例えば芽の出なかったサラリーマンがあるときを境にして急に出世の階段を登り始め

るということがあります。もちろんそれには、何かきっかけがありますが、そのきっかけについては、誰も霊の力だなどとは思っていません。

多くの場合、当事者も周囲の人も常識的に判断します。

例えば、急に自分が脚光を浴びるようになったのは、上司が新しくなり、今まで見過ごされていた才能が、新しい上司に発見されたからだと考えます。

あるいは、新しい部署に変わったためだと考えることもあります。新しい部署の仕事が本人にとって適性だったと考えることもあります。

そのような判断は現界（この世）の知恵が紡ぎ出した常識です。これを大霊界の法則に当てはめてみると違った理由が見えてくるのです。

例えば、以前の上司とはお互いの霊の波長が合わずに仕事上のチームワークが取りにくかったのが、新しい上司は本人との霊の波長がぴったり合うということが考えられるのです。霊の波長が合うから、のびのびと仕事ができたり、今まで発揮できなかった隠された能力を思う存分ふるうことができたために出世ができたのです。

部署が変わったのがきっかけで出世したという人は、やはり霊的人間関係が良くなったのか、場所が変わることで、寄り添っている霊が活力を取り戻してそのために隠されてい

仕事仲間、友人、夫婦…
お互いの人格を認め合い、
霊格を高め合うことが大切。

た能力が表面に浮かび上がってきたということも考えられます。

霊によっては場所に浮遊している地縛霊との相性が悪くて、守護力が発揮できないということもあります。それが場所が変わることで地縛霊と関わりが切れて、寄り添っている守護霊が力を盛り返し、存分に力をふるって本人をサポートし押し上げてくれたために運が向いたと考えることもできるのです。

なかなか縁談がまとまらずに悩んでいた男性がおりました。本人いわく、見合いを六十回したが全て断られたというのです。

本人は、どことい って変わったところはない普通のサラリーマンです。会社の同僚とも仲良くつき合っています。ところがどういうわけか女性との関係は今一つしっくりしないのです。結婚や恋愛ということを抜きにしたところでは女性からも信頼され、女性の友人も多いのですが、いざ結婚や恋愛となると敬遠されるのです。

このような場合、現界での判断は、清潔感がない、思いやりに欠けている、生活力がない、魅力的な顔をしていない、口下手である、粗野である……、などの欠点があるために結婚の機会がないのだと考えられています。

ところがこの場合は現界の常識的判断は全て当てはまらないのです。彼は不潔な男ではありません。思いやりも十分に持った男性です。中小企業ですが、課長職にあり、給料もそこそこもらっており、生活力に欠けているとはいえません。容貌もイケメンというほどではありませんが、醜男ではありません。十人並みの顔立ちです。身長も一メートル六十センチで、高くはありませんが小男ではありません。営業課長であり、決して口下手というわけではありません。決して粗野な人間ではなく物静かな紳士です。

現界の考えられる理由は何も当てはまりません。それなのに彼は六十回の見合いで妻を見つけ出すことはできなかったのです。六十回の見合いのうち、彼が気に入った人は三十数人で、半分以上の人が気に入っているのに、相手の返事はすべてお断りだったのです。

会社の社長、学友、隣人のわけ知りの老人などいろいろな人に相談するのですが、これといった妙案はありませんでした。しかし、彼の相談した人の中に日神会の会員さんがいて私に相談してみたらどうかとアドバイスをしたということです。それが彼が私を訪ねてきた理由です。

私の霊視によりますと、彼の結婚に極端に嫌悪感を示す背後霊があることが解ったのです。その霊は彼に寄り添って、守護の役目も果たしているのですが、結婚に対しては極端にマイナスの霊気を発散するのです。

私は彼に思い当たることがないか訊いてみました。私の言葉に彼はすぐに反応しました。彼は大学三年の時につき合っていた女性がいたということです。お互いに大学を卒業したら結婚しようと誓いあっていたそうです。ところが大学三年の十一月、結核で入院し、肺炎を併発して入院三カ月足らずであっという間もなく亡くなったということです。高熱で意識が混濁したときも、彼の名を呼び続けたそうです。彼女の母親から電話をもらい、病院に駆けつけた時は、ひと足遅く、息を引き取った後だということでした。

「確かに彼女が亡くなったときはショックでした。それでも、私に取りましては今では、青春時代の思い出として記憶に残っているだけです。思い出しますと、切ない感情になりますが、過去のことでした。私も三十歳近くになったとき、母のすすめるお見合い相手と何の抵抗もなく会うことができました。以来、十年、三十九歳まで、六十回の見合いに一度も彼女のことは意識したことはありませんでした」

彼は驚いた顔をして言いました。

彼女の霊魂は確かに霊界に入ったのですが、死の瞬間まで、彼に強い執着を持ったまま他界したので、亡くなると同時に彼に寄り添う守護霊となって憑依したのです。通常の場合は守護霊ですから、彼に起こるあらゆる問題や困難についてはプラスになるように取り計っています。彼女の守護によってずいぶんと彼は助かっているのです。ところが、彼の恋愛や結婚ということになると、守護霊、一転、憑依霊になって見合い相手や恋愛の相手の霊に闘いをいどんだのです。

写真の段階や話の段階では霊は動かなかったので、順調に見合いの日にこぎ着けるのですが、いざ見合いの席に着くと、憑依霊が発散する悪い霊気で、相手方は彼に対してあまり良好な感じを持たずに、結局、断られてしまったというわけです。

死の瞬間の強烈な念は肉体が滅んでも、霊魂に刻まれ、彼に寄り添って、何らかの形で彼に霊の思いを伝えようとしたのだと思います。

彼には、何度か浄霊をし、彼女の霊とコンタクトを取りながら、念の消滅によって現界に思いを残さずに霊界で修行を続けるように説得しました。

一カ月に四度ほどの浄霊をし、彼に寄り添っていた彼女の霊は私の説得を受け入れて彼のもとから去り、別な高級神霊が守護霊として彼に寄り添うようになりました。

私のところに来たのは五月でしたが、その翌年の十月、四十歳にして、年の差十三歳の二十七歳の才媛と見事に華燭の典を挙げました。

私のところに来なかったら、彼の人生はどのように変わっていたか、考えるとひとしお感慨深いものがございます。霊によって左右される人生では、大霊界の法則はいかに大事かということをつくづく感じさせられたできごとでした。

守護霊は予期せぬ事故から護ってくれることもある

この世には予期し得ない事故というものがあります。飛行機が墜落したり、バスが横転したり、電車が脱線したりする事故は、通常なら予知することはできません。天変地異なら、地殻や海水に異常の前兆があり、科学の力である程度解明できます。科学で予兆ができるものは、神霊なら察知することは難しくありません。

問題は科学でも予測できない事故の場合です。例えばエンジンの不調による突然の航空機事故は、起きてから、初めてエンジンの不具合だったことが解るわけで、それまでは誰も予測できません。例えば自動車事故の場合ですが、居眠りで起きる事故などは科学の力で事前に解明することはできません。運転の前にドライバーや車を精密検査すれば、このドライバーは昨夜徹夜しているから、居眠りの危険性があると予測できるかもしれません。その場合は運転を止めるように警告することはできるわけです。しかし、それ以上の予測は科学的な分析によっても解明はできません。

同時多発テロによってニューヨークの高層ビルに飛行機が激突した事故は、人間の意志によって引き起こされましたが、刑事警察が事前に予防できないように事件が仕組まれており、あのような不幸な大惨事になってしまいました。あのテロによって数千名の人が犠牲になりましたが、おそらく、何割かの人は寄り添う守護霊によってあの場所に出かけないように警告が発せられていたはずです。しかし、誰もがまさか、あんな事故を予測しなかったと思いますから、霊の警告を深刻に受け止めなかったと思います。守護霊には、人間が企んだり、意図的に行動しようとすることは、当然ながら予知できます。

守護霊でも難しいのは、乗っている飛行機を何の計画性もなく撃ち落とそうとする人間がいることです。十秒前まで、人間の意図も、自然の変調もなく、突然無謀に襲撃する者がいたりすると、たとえ神霊でも予知できません。あっ危険だ！　と予知したときは、もうすでに遅いということになります。

事件が、天変地異でもなく、人間の意志も、ある時点まで関わっていないということになりますと、例え高級神霊であろうと、予知は難しいということになります。高級神霊が天候について予知ができるのは、自然の発するのエネルギーによって晴れたり曇ったりするので予知できるのです。もっとも、今は気象予報は科学的に格段の進歩をしているので、高級神霊の導きなどに頼る必要はありません。そこに何らかの人間の意志や天変の変動が加わっているなら、神霊は危険が起こりえることを予知することはできます。

仮に、極端な例をあげて説明してみます。ある道に危険が潜んでいるとしましょう。例えばその道に強盗が待ち伏せしているとします。この場合は守護霊は確実に危険を察知して事前にその道に近づかないように導いてくれるはずです。ところが、その予知の伝達は、霊能者か、特別の霊媒能力を持っている人でないと、霊の意志を受け止めることはできません。しかし心配はご無用です。護られるべき人が、守護霊の伝達を聴くことができなくとも、守護霊は守護力を発揮して、私たちを密かに護ってくれるのです。

例えば、危険の待っている道に入ろうとした時に、その人に急に買い物を思い出させて別な道を通らなければならなくなるように仕向けるのです。それが守護の霊現象なのです。初代の会長（聖の神霊位）は、生前、急に外出の日を変更することがありました。どうしたのか訊きますと、行く先が雨になるので一日、計画を前倒しにするというのです。「天気予報は晴ですよ」と私がいうのですが、いや、これは「聖の神」の霊示であると私にいいました。最初は半信半疑でしたが、確かに、現実は霊示の通りになるのです。

天候のような、危険とは直接に関係のない話だけではなく、守護霊は私たちをいつも護っているのです。

詳しい話は公開できませんが、突然の霊示で初代会長は出張を取りやめることになったことがあります。そのためにあわやの大事故に遭わなかったということもありました。その時の霊示は、会長に腹痛と高熱の発作ということでもたらされました。仕方なく会長は乗り物のキャンセルをしました。そしてその日、大惨事が起きたのです。その事故の公表を控えさせていただくのは、その事故で多数の方が亡くなられているからです。

会長は自分を加護してくれた霊示を多くの人に伝えられなかったことを悔やんでいました。そして自分だけが守護神によって護られたことについて最後の最後まで引け目のようなものを感じていたようです。

日神会の会員さんで老齢の方ですが、あわやの飛行機事故から免れたという人もいます。その方は、飛行機に乗る直前に重要な書類を忘れたのです。仕方なく次の便に乗り換えたのです。そして自分が乗るはずだった飛行機が事故を起こしたことを現地に着いてから知らされました。自分が乗るはずだった飛行機に、突然の事情で、乗ることができなかったのです。そのために事故に遭遇しなかったのです。

それは偶然なのでしょうか？　それは守護霊の加護だったのでしょうか？　私には強い神霊の加護力によって護られた結果であることが解ります。

このように、人知では予期できない危険な事故も守護霊の導きによって護られることがあることを幸せに思わなければなりません。

Part.3

霊によって起こる病気の数々

霊はなぜ人間に病気を与えるのか

今まで霊が人間の人生にどのように関わっているかについて、その基礎的な知識について述べてまいりました。人生に起こるいろいろな良いこと悪いことの大半は、霊によって引き起こされていることについて、今まで述べてまいりました。

病気もまた低級霊の憑依によって発症することがしばしばあります。極論すれば、病気の七割程度は憑依霊が原因といえないこともありません。

私たちはさまざまな霊の波長を受けて暮らしています。もちろんその中には高級霊もありますが、現界を浮遊している霊のほとんどが低級霊です。

低級霊の多くは霊界に居場所がなく、現界をさまよっているのです。このような浮遊霊は力のある霊能者に浄化してもらい、高級霊となって霊界に居場所を見つけたり、自分と波長の合う人間の守護霊となって、その人間と共に上昇を続けて、最終的には神格を得て永遠の場所に鎮座することを願っているのです。そのためには人間に憑依して、自分の想いを訴えるしか方法がありません。このような理由で人間に憑依して、病を発症させることで、霊の想いを訴えているのです。

ただ、全ての霊が上昇しようという願いを持っているわけではありません。最初は波長の合う人間に憑依してその人間に寄り添いつつ、その人間が堕ちていくことや病が悪化していくことで、自分の存在を確認しつつ、現界にとどまっているという厄介な低級霊もあります。

このような霊の場合は、低級霊は、霊能者の手によって浄化し、同時に除霊し、本人は、新しい守護霊が寄り添ってくるのを待たなければなりません。

霊能者による浄霊や除霊によって病気を改善するのは、一般的に神霊治療と呼んでいます。神霊治療には霊能者によってさまざまな方法があります。霊能者は自分の救済のパワーによって霊を浄化し、時には低級霊が憑依している人から憑依霊を除霊するというのが、神霊治療のオーソドックスな方法です。神霊治療能力者に備わっている救済のパワーは、例えば霊能者自身を護っている守護神や守護霊という場合もあります。

一つの方法として患者に憑依している憑依霊を治療者の中に取り込み、取り込んだ霊を自分の守護神によって浄化し、霊界に送り返すのです。

神霊治療は霊界の法則にしたがって行っているので、言葉で「かくかくしかじかである」

と論理的に説明するのは難しいのですが、私の中にあるイメージとして申し上げます。

患者に憑依している霊を治療者の中に取り込みますと、黒い煙のような塊が治療者の心の中に広がっていきます。その時激しい想いで守護神に救済を祈るのです。即座に黒い煙のような塊が、白い透明な塊に変貌していくのです。これがまさに憑依霊が浄化されていくイメージとして私の中に去来します。

自分の中に極端な言い方をすれば「悪霊」を取り込むのですから、治療者自身死ぬような思いを体験することがあります。

根の深い憑依霊を除霊する時など、心身の疲労感、虚脱感、患者の痛みが数時間に渡って残ることもあります。

除霊の方法もさまざまで、霊能者の経験や技術によっても違います。霊能者の力の強さで浄霊即除霊ということもあれば、憑依している霊とコンタクトをとり、説得してその人から離れてもらうということもあります。

ところが、例え神霊治療が成功しても、人間の霊格が向上しない限り、また同じような霊に憑依されて病が再発したり、別な病に冒されるということもあります。

大切なのは、本人が生き方を変えて、低級霊の憑依を受けないようにするという心がけ

——神霊治療のイメージ——

患者に憑依している霊を治療者に取り込み浄化する。

を持つことです。世間的に病弱といわれる人や、病気を次々に発症する人を調べて見ますと、憑依霊を除霊して、せっかく健康になったのに、本人は相変わらず低い霊格のままで、暮らしているので、すぐにまた新しい低級霊に憑依されて病気が再発したり、新しい病気を発症している例が多いのです。

人間界でもよくあることで、せっせと病院に通って、せっかく病気が治ったのに、健康体になって油断して、再び不摂生な生活に戻り、病気が再発してしまうのに似ています。

憑依霊による病気も表面的には同じことがいえるのです。浄霊、除霊によってせっかく低級霊の憑依から自由になり、病気が治ったのに、肝心の本人が元の木阿弥で霊格の低いまま暮らしていれば、健康を取り戻したのもつかの間で、すぐに新たな憑依霊に取り憑かれ、病気が再発したり、別な病気に見舞われたりするわけです。

神霊治療（霊へのアプローチ）でどんな病気が治るか

もし、霊の憑依で発症した病気ならば、神霊治療によって、全ての病気が治る可能性があります。ところで、霊が関わっている病気か、霊に無縁の病気かということは、外見からは全く判断がつきません。もちろん医師にも解りません。現代医学には憑依霊という概念がありませんから判断がつかないのも当然です。純粋に肉体の器質の異常によって発症した病気か霊の関わりによって起きた病気かということは、霊能者にしか解りません。

ところで霊によって起こる体調の不振や病気は、どのようなメカニズムで起こるかは論理的には不明です。私の経験やデータの収集を分析した結果で予測されるのは、憑依霊の生前の肉体の欠陥部位が、被憑依者（患者）の部位にあらわれるか、被憑依者の肉体的弱点に病を発症させるケース多いような気がします。

例えば後者の例では、暴飲暴食などで胃が弱っている人に霊障として、胃潰瘍、慢性胃炎、胃ガンなどの病気を発症するということです。

このようなパターンで病気が起こるために、常識的にこの病気は霊に関係ない通常の病気と考えられてしまうのです。

「酒ばっかり呑んでいるから、病気は天罰だ」と考えがちです。

それで、医学的な治療を施すのですが、なかなか治りにくいのです。憑依霊によって発症した病気ですから、医学的治療では治りにくいのは当然です。ただし、霊障によって発症した病気でも、病気であることにはかわりないわけですから、医学治療によっても改善はします。しかし、霊障で発症した病気なら、治療が終わって完治したかに見えますが、何日か経つとすぐに発症します。憑依霊は絶えず病気にさせようとしているのですから、医薬の治療が中止した途端に病気が再発したり、今度は別なところに病気が噴き出してくるということになります。霊による病気は完全に治すためには神霊治療しか方法はありません。

前述した憑依霊の生前の肉体的病気が被憑依者に現われるというケースは、まさにそのままの意味で、生前喘息だった人が死んで低級霊となり、自分と波長が合うひとに憑依したとき、今まで健康体だった人が、突然呼吸器系の病気にかかるというケースもあります。生前の霊が苦しんだ病気を、憑依する人間にもその苦しみを与えるのです。

風邪ひとつ引いたことのない人が急に咳き込んだり、呼吸が苦しくなるのですから、本人も不思議に思います。精密検査をしても結局、原因がはっきりせず、医者は、昔吸いすぎだった煙草の害が今になって現われたのでしょうなどといいます。

気管支の薬や咳止めなどを処方しますが、もちろん霊障による病気ですから、よくなるはずはありません。

霊の憑依による病気は全ての病名に当てはまります。例えばウィルス性の病気やエイズなどの感染症は神霊治療で治癒するということはありませんが、感染する場所に憑依霊に導かれて病気を背負わされるということはあります。

そのために、医学治療を受けながら、神霊治療も同時に受けることで霊の怨念が消滅し、医学治療が速やかに効果を発揮するということはあります。医学治療と神霊治療の併用は治療効果を上げるために必要なのではないかと私は考えています。

憑依霊は己の救済（魂を浄化し霊界に居場所を定める）を求めて人間に憑依し、病気や怪我、事故などのショックを与えて自分の想いを成就させようとするわけで、このことは随所で前述しました。すなわち、すんなり霊界に入れない霊の悲痛な信号が霊障です。そのなかには少数の例ですが被憑依者に対して恨みを抱いてさまよっている例もあります。

ある中小企業の下請けをしている零細企業主は、エソになり左足を切断しました。半年あまりで退院して職場に復帰したのですが、中小企業は下請けの社長が、左足を切断したということで、発注しても仕事に支障があっては困るという理由で、それ以後、仕事の発注を打ち切りました。

零細企業主は中小企業に日参します。

「旋盤の機械を動かすのに、足の不自由は関係がありません。続けて仕事をください」

何度もお願いするのですが、発注元は冷酷にも仕事を打ち切ったのです。

零細企業主は途方に暮れて自殺をしました。

その夜のことです。発注元の社長は突然の高熱に冒されて、左足が腫れて動けなくなりました。各種の検査で病名は丹毒と告げられましたが、いくら治療しても、足の腫れと痛みは取れません。

社長は四十代の青年実業家で、迷信や心霊などとは無縁な半生でしたが、今度ばかりは考えさせられました。左足切断した零細企業主の自殺、零細企業主の自殺した夜からの原因不明の高熱と左足の痛みによる歩行困難……、これは下請け社長の死と関係があるのではないかと考えざるを得ませんでした。あまりに不思議な一致に、さすがの若き社長も自分の発病を下請け社長の死に結びつけないわけには行きませんでした。

社長は、迷いに迷った挙句、人づてに日神会の存在を聞き、私のところを訪ねて来ました。社長の不安はずばり的中しました。

自殺者の恨みの念があまりに強く、霊界に入っていけず、恨みの社長に憑依して自分の無念を訴えたのでした。

私の二日間、計四回の浄霊（神霊治療）により、社長の高熱と足の腫れは引き、健康体を取り戻したのです。私の浄霊により、憑依霊は浄化され、霊界に入っていったのです。その社長は私のアドバイスを受け入れて霊を供養しました。さらには、夫に代わって会社の社長を務める妻の零細企業に下請けの発注を再開したということです。

ところで神霊治療でどんな病気が治るかということを改めて書き記してみます。

目の不調（痛み・かゆみ・涙目など）
耳の不調（難聴・耳鳴り、めまいなど）
慢性頭痛（偏頭痛など）
口の不調（口内炎など）霊障による虫歯は皆無ではないが少ない。
呼吸器系（喘息・呼吸困難など）
循環器系（心臓の不調・動悸など）
消化器系（胃炎・便秘など）
泌尿器系（尿の不調など）
性殖器系（不能・不妊など）
その他（肩こり・関節の痛み・腰痛、手足のしび、冷え性など）

以上、簡略な例ですが、医学治療で治りが遅々として進まない場合など、霊障を疑って除霊を試みた方がよいと思います。

ガンと霊障

人間の病気のなかで、やはりガンは大病のうちに入るでしょう。医学の進歩はめざましいものがありますが、まだまだガンについて完全解明とはいきません。ガンの宣告を受けますと、やはり患者は死の宣告として受け止めます。

ガンのメカニズムは、細胞の異常な増殖ということは皆さん周知の通りです。正常な細胞は分裂しながら増殖しますが、一定の時間が経過しますと死滅して新しい細胞が再生していくわけです。新しい細胞が生まれ、古い細胞が死滅していきます。

ところがガン細胞はとどまるところなく増殖していきます。良い細胞を駆逐して悪性の細胞がとどまるところなく増殖していき、ついに人間の命を奪います。

ひとたび悪性細胞（ガン）がどこかに芽を出しますと、その芽は異常な増殖をくり返して広がっていきます。

ガンの発症の原因は解明されていません。常識的にはガンを発症させるような、特別な刺激を与え続けたため（煙草の吸いすぎで肺がんになる。酒の呑みすぎで胃ガンや食道ガンになる）という考え方もあります。

または生まれつきガンの因子を持っている人が、何らかの刺激（ストレス等）を受けてガンの因子が芽となって出てくるという考え方もあります。

他にガンの原因として、いろいろな説が語られています。

ところがどれも確実なガン発症の要因というより、単に原因のひとつにしかすぎません。なぜなら、煙まみれのヘビースモーカーなのに、ガンにならない人がたくさんいます。ただ、煙草を吸う人は、吸わない人より明らかにガンのリスクが大きいということはいえます。しかし、ガンの危険があるというだけで、煙草が肺ガンの原因と決めつけるわけにはいきません。他の原因も似たりよったりで、１００パーセントの原因というのはまだ解っていません。やがてさらに医学が進歩して、いずれは解明されるでしょうが、今のところはまだガンの原因は確かなところは不明です。

医学の治療法も、主なものは、手術、放射線、抗ガン剤と昔とそれほど大きく様変わりしていません。免疫療法など、他の治療法も試みられていますが、どれも、これが決定打というほどの成果が見られません。もちろん、年々歳々手術や抗ガン剤の技術や薬効は確実に進歩していますが、やはり、まだガンは死の病です。

ガンのような難病が霊の関わりによって発症することはあるのかという質問をしばしば受けます。結論から申し上げて、ガンも霊障で発症することはあります。前述したように憑依霊は、被憑依者の肉体の弱点部分に病を起こすケースが多いのです。霊障を受ける人が、ガンの前兆にあることを霊がキャッチすれば、霊障としてガンという病を発症させることもあります。

もうひとつの例として、この点についても前述しましたが、憑依霊が生前、ガン死していれば、自分と同じ苦しみを被憑依者に与えるために、同じ病気を霊障として発現させることもあります。

ガンのような難病が霊障というのでは、被憑依者は大いに困惑しますが、それが大霊界の掟ですから仕方がありません。

さて、この場合神霊治療は有効かどうかということですが、ガンの場合はそれこそ早期の場合ですが、神霊治療で腫瘍が消えたとか、良性の腫瘍に転化したというケースはあります。たとえ霊障のために発症した病気であっても、病気そのものに変わりがありませんから放置しておけば病は進行します。ガンの場合は進行すれば手がつけられない状態になることは周知のとおりです。そうなれば何らかの医学的治療が必要になってきます。

ガンの霊障の場合は医学的治療と神霊治療を並行して行うことで、術後の経過や、抗ガン剤の効き目がよくなったという報告は受けています。霊障によって発症したガンの場合、神霊治療を併用することで、再発や転移を免れたということもあります。

人間の怨念でも病気が発症する

「念」については、Ｐａｒｔ１でも基礎的な知識についてはお話ししました。念というのは「人間の強い想い」のことで、人を憎悪する、人を熱愛するといった心が発するエネルギーです。前述したように念という強い想いを映像化する「念写真」（念写）の研究もあります。想念を映像化できるほどの激しい想いということです。

密教に「調伏」という祈祷法があります。正しくは仏の加持力により、仏敵を滅ぼすという祈祷法ですが、古い昔には、相手を呪い殺すための手段にも用いられました。お家騒動などで、敵方の跡取りを呪い殺すために、映画の一シーンとして、調伏祈願の護摩を焚く場面を観た人も居るかもしれません。

調伏は祈祷法ですが、呪い殺すための手段としては、現代風に考えれば強烈な念のエネルギーで相手の身にダメージを与える儀式といえないこともありません。

「念」というのは、大霊界の法則では「生き霊」のカテゴリーに入るもので、「神霊」や「心霊」とは異なる領域です。

また民間に伝わる呪いの方法として、古来より藁人形に五寸釘を打ち込む儀式もあります。深夜、樹木の幹などに藁人形を五寸釘で打ち込むのです。憎むべき相手に殺意を持って五寸釘を打ち込む姿には、おぞましくも鬼気迫るものがあります。これなども、念による相手への陰湿な攻撃というべきでしょう。

なぜここで「念」について述べるかと申しますと、人間は、浮遊霊の霊障で病気が起きる他に、人間の強い想い、すなわち「生き霊」によっても病気が発症するからです。そして、守護力が強い霊と寄り添っている人は、相手の念の攻撃を跳ね返すということもあります。跳ね返された念によって念を発した本人が逆に病気になることもあります。まさに、返す刀で斬られるのに似ています。この現象は、通常の霊的用語では「念返し」と呼ばれています。

私たちはおびただしい霊波の中に暮らしているわけですが、その外に念のエネルギーが交錯していることも知らなければなりません。いろいろな周波数の電波が無数に乱れ飛んでいる現代社会と似ているといえるかもしれません。

念は、憎悪や呪いや怒りのエネルギーを対象の相手に向けることです。祈祷や藁人形のように意識して発しなくても、「あの野郎め」と憎悪を抱いているだけで念のエネルギーは相手に向かって飛んでいきます。

念は相手を呪うようなエネルギーだけではありません。相手を恋しいとか、独占したいとか、愛したいという想いもエネルギーとして相手に発せられます。そのためにそのエネルギーで相手が病気になったり、事故を起こしたりすることもあります。

恋患いという言葉があります。常識的には相手への恋慕う気持ちが強くなって、恋い焦がれて病気になることです。実は、恋患いは、恋しい気持ちの念が相手に飛んで行き、相手の守護霊の守護力の強さによって念返しにあい、自分自身が病気になってしまった状態とも考えられます。

恋患いはイキな悩みですが、霊障や生き霊によって病気になったり不幸な人生を歩むことにならないようにしなければなりません。そのためには、自分自身、人に恨みや呪いを持たずに生きていくことも大切なことなのです。他人を呪ったり憎んだりすれば念返しにあって思わぬ病気を背負うことにもなりかねません。

霊障を受けないために知っておきたいこと

霊障は病気だけではなく、人生全般にマイナスを及ぼす現象です。霊学的には、霊格を高めて生きることで悪い霊の憑依を避けることができます。前述しましたように、守護霊のエネルギーが強いということは、人間界でよくいわれる「免疫力」と同じような意味と考えてください。

免疫力とは、文字通り病気を免れるパワーのことです。免疫力が強ければウイルスにも負けずに病気を避けることもできます。その逆に、免疫力の弱い人は、少し寒いくらいで風邪を引いたり、少量の菌によっても下痢をしたりします。免疫力の弱い人とは、すなわち体の弱い人ということです。

この免疫力と霊格は同じような意味に受け止めてもよいと思います。憑依霊が憑依しようとしても、霊格の高い人の守護霊は、力が強く低級霊が憑依することはできません。

免疫力の強い人は健康体です。同様に霊格の高い人は霊障をはねのけて生きるのですから、病気にもならず、運命は好転し、何にチャレンジしても結果がうまくいきます。自分の霊格を高めることで、自分に寄り添っている守護霊の霊格も高くなります。自分に寄り添っている霊は、いつも上昇することを求めているのです。位の高い霊になることを願っているのです。この世は霊と道連れなのですから、お互いに霊格を高め合って生きていくことが幸せな人生ということになります。

絶えず上の位を目ざしたいという霊の願望を無視して生きようとしますと、終いには守護霊との波長が合わなくなります。その結果、自分に連れ添う守護霊は離脱して、霊格の低い霊に入れ代わることもあります。

霊的人生を間違いなく歩む方法は、自分に寄り添って生きる霊と共に霊格を高めあって生きることです。人間界の友達同士が、切磋琢磨して人間を磨いて立派な人間に成長していくように、寄り添う霊と共に霊格を高め合うことで、幸せな人生を歩むことができるのです。

人間界においても病気にかかりやすいような生活をしたり、ストレスを抱えていたり、暗い考え方や不健康な考え方をしている人が、低級霊につけ込まれやすいということです。

暴飲暴食、徹夜の連続、何かにおびえたり、いらいらしていたり、暗い想念を抱いて暮らしている人は、いつ病気になってもおかしくありません。そんな生活をしてる人が、ある日突然病を得て倒れます。それを見ている人は「ああ、あんな生活をしていたのだから、病気になるのも当然の話だ」と考えます。

ところが、病気療養をしても、なかなか完治というところまでいきません。それで私のところを訪ねてきて、低級霊（悪霊）の憑依によって発病したことが解るのです。本人も周囲も、病気になるような荒れて陰気な生活を送っていたので、その結果倒れたと考えています。ところが、荒れた生活、酒浸りの毎日、暗い生活、いらいらした毎日、悲しみのどん底に堕ちた暮らし……を続けていたために低級霊に憑依されて発病しているのです。

暗い想念は低級霊の好む波長です。極力、暗い想念を持たないことです。暗い想念の元になるのは、嫉妬、羨望、憎悪、呪い、卑下、恨み、絶望、自暴自棄などです。

霊格を高めるために「許し」「思いやり」「寛容」「無私」「奉仕」「希望」の心を養うことです。他人を恨まず、蔑まず、自惚れず、悲観せず、静かな心で生きることが大切です。何事にもとらわれない、天真爛漫な心を抱いて陽気に暮らしていると、なかなか低級霊は付け入ることはできません。

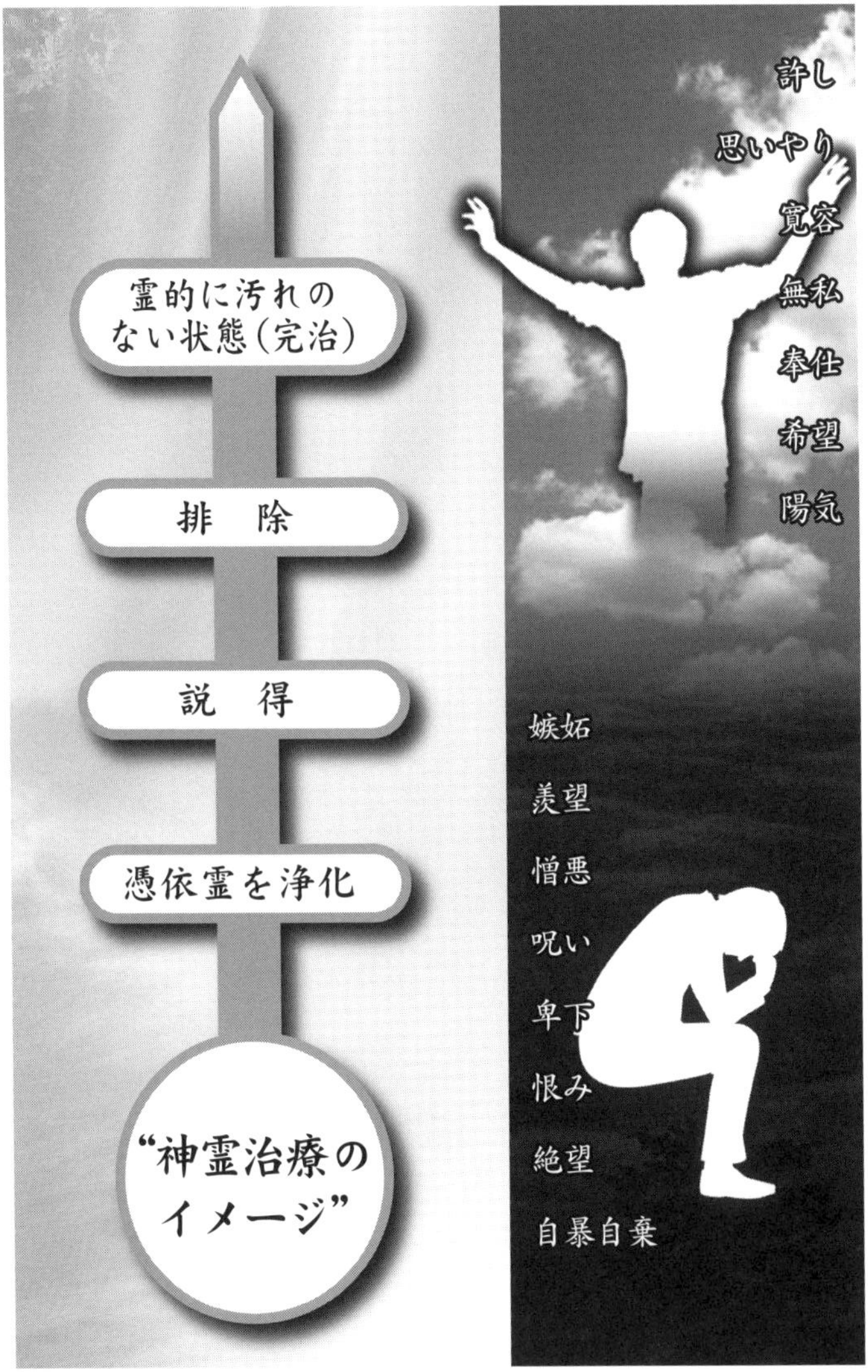

“神霊治療のイメージ”
憑依霊を浄化
説　得
排　除
霊的に汚れのない状態(完治)
許し
思いやり
寛容
無私
奉仕
希望
陽気
嫉妬
羨望
憎悪
呪い
卑下
恨み
絶望
自暴自棄

霊格を高める方法には幾つかありますが、その中の幾つかは、人間界における健康の条件と合致しているのです。例えば、規則的な生活、多すぎない食事、適量の睡眠、心配ごとを持たない（心が安らか）などがあります。このような暮らしを実践することで、ある程度の憑依霊は回避することができます。陽気人間の波長には低級霊の波長は合わないのです。

神霊治療と医学的治療の併用も一つの選択肢

神霊治療は、病気の原因となっている憑依霊を霊能力によって浄化、説得、排除を行い、霊的に汚《けが》れのない状態を作ることで病気を治すことです。解りやすい説明をすれば、霊障は、霊魂の発する念の汚れです。この汚れによって病気になったり、運気が弱体化したりするわけです。神霊治療はこの汚れを浄化（清らかに）することで病気を治します。

神霊治療の効果ですが、憑依霊の質や原因によっても効果の及び方に差はあります。一瞬にして改善されるものもあれば、半年間くらいの長期の期間を要する場合もあります。「ガンと霊障」のところでも前述しましたが、たとえ霊障による病気であっても、病気の原理は変わるものではありません。まれに、現代医学では解明されない病が霊によって発症させられることもありますが、そのような例は、何万例の中に一、二例に過ぎません。ほとんどは現代医学で認知されている病気です。

霊障による病気についてては基本的なことは前述しました。霊の関わりによって発症する仕方についても述べました。その人間の弱体化しているところに病が噴き出します。霊障だからといって、肉体の中の頑健な部分に病気が現われるということはありません。消化器が弱体ならば、消化器系に、循環器が弱ければ、循環器系に病が噴き出すのは当然です。

ただ、憑依霊の生前の肉体的苦痛が怨念として刻まれていれば、まれに霊の記憶の苦痛を被憑依者に与えるために、思いがけないところに病気が噴き出すことはあります。例えば、腕を失った痛みが死者に怨念として残っていれば、あるいは、被憑依者が突然原因不明の腕の痛みを訴えたりすることはあります。

しかし霊障の多くは、医学的病気として発症しますので、放置しておけば、病はどんどん重くなります。

霊障による病気だから医学治療は効果がないかというとそんなことはありません。霊的に引き起こされた病気にしろ、病気そのものには変わりがありません。当然ながら、医学の治療によっても症状は改善します。ただ、霊障による発病は、医学的治療で治ったと思っても、またすぐに再発することが多いのです。ときには、効くはずの痛み止めがなかなか効かないなどということはあります。複雑な病気だったりすると、医師の誤診によって長引いてしまったなどということはあります。霊が関わっていますから、精密な診断が狂わされてしまうということはあるのです。

霊障による病気は、神霊治療によって、九五パーセントは治りますが、医学的治療では治癒が遅れます。神霊治療は当然のことながら薬を使いません。薬を使わなくても神霊治療による浄化が成功していればやがて治癒します。しかし、そこで適切に薬が使われていれば、より治癒が早まるということはあります。

神霊治療も早期治療は有効です。病が進行しないうちなら医療の助けを借りなくても完治することが可能です。前述のように早期ならガンの腫瘍が消えたり、良性の腫瘍に転化することもあります。

神霊治療は遠隔治療より直接治療が好ましい

神霊治療には遠隔治療という方法もあります。遠隔治療とは離れた場所から患者に対して治療者（多くの場合霊能力者）が治療のためのエネルギーを送って治療することです。私の体験した例では、長崎からニューヨークと驚くほどの遠隔の場合があります。

神霊治療のエネルギーは、次元を超えた神霊（心霊）によって行われるのですから、理屈としては遠隔治療はありえますし、その効果については、私自身、自分の体験として知っています。

日神会の熱心な会員さんの一人からこんな相談を受けたことがありました。その会員さんは男性のKさんで埼玉県に在住しております。Kさんは地方銀行に勤務しております。三十二歳で独身です。Kさんはご両親と同居しています。両親は二人ともまだ働いています。父親は六十一歳、ある団体の常勤理事をしていましたが、神経痛が悪化して、退職しました。母親は五十八歳で隣町の小学校の教師でした。

父親の神経痛の発症は突然であり、病院の治療によってもはかばかしい改善がみられませんでした。日神会の会員であるKさんは、霊的なものが関わっているのではないかと疑いました。東京聖地で浄霊（神霊治療）を受けてみたらどうかとすすめたのですが、父親は霊とか神とかを日頃からあまり信じていない人でした。Kさんが日神会の会員であることも常日頃から苦々しく思っていたくらいです。

「そんなことに首を突っ込んでいるから嫁も来ないのだ」

父親はKさんの親思いの心情を踏みにじるように罵倒しました。

何を言われてもKさんは耐えて、何度も何度も父上にすすめたのですが、頑として父親は聞き入れようとはしませんでした。思い余ったKさんは、ある日、東京聖地を訪ねて来て私に頼んだのでした。

「会長先生に、遠隔治療をお願いできませんか？」

実は、遠隔治療は私はなるべくお受けしないようにしていました。本人が寝たきりの場合や、何らかの都合でどうしても聖地に足を運べない時に限って、例外としてお受けすることはあります。このことに関しては後述します。

「お父さんをどうしても連れて来ることはできませんか？」

私の問いにKさんは深くうなずき、私に必死に頼むのです。

「父の痛みに苦しむ姿を見ているのがつらいのです」

私は父親を思うKさんの心情に動かされました。特例として遠隔治療を引き受けることにしたのです。

神霊治療がどんぴしゃり成功しますと、瞬時に症状が改善されます。しかし、病気が進行している場合など、ある程度の時間がかかるのは当然です。

私はKさんに十日という日数を決めて、朝夕二回の遠隔治療を行うことにしたのです。

結果としてこの遠隔治療は成功いたしました。

遠隔治療一日めの夕方、父親は「今日は暖かいせいか、痛みがあまりなかったな……」と言いました。季節は十一月の半ばのことでした。確かに、その日は良い天気で気温も例年より高いような気がしました。Kさんも、神霊治療の効果もあったかもしれないが、暖かい一日だったので神経痛の痛みが和らいだのかもしれないと考えました。

そして二日め、昨日と打って変わって寒い日でした。ところが、朝、Kさんが銀行に出勤するときには、父は首にマフラーを巻いただけで庭いじりをしているではありませんか。

「神経痛は痛まないの？」

Kさんが声をかけますと、父親は驚いたように顔を上げて「そうだ、忘れていた」と笑いました。

Ｋさんは遠隔治療のおかげであることを確信しましたが、まだ二日めです。とにかく、様子を見ることにしました。

三日めも四日めも五日めも、父上の神経痛は痛みませんでした。そのうちに「なんだか、体調がよいような気がする」と言い出したのです。神経痛のために一年間も遠ざかっていたゴルフをしたいといって仲間に誘いの電話までかけるまで元気になりました。

これでＫさんは、父親が神経痛から解放されたのは、遠隔治療の効果であることを確信したのでした。

Ｋさんから六日めの朝に電話をいただき、神霊治療が成功したという報告を受けました。それでも、たっての依頼で約束どおり十日間、朝夕遠隔治療は続けました。神経痛ばかりではなく、体調が全般的に良くなったという父上のために、せめて十日間の満期まで遠隔治療をお願いしたいということでした。その後も神経痛は再発していないとのことです。後日、父親に遠隔治療の事実を話したそうですが、半信半疑の面持ちだったということです。しかし、現実に症状がおさまっているのですから、強い否定や反論はなかったそうです。Ｋさんは「親孝行ができたのだから、父が信じてくれなくても、私は満足です。

会長先生には解っていただいているのですから……」と爽やかに笑いました。

この例のように遠隔治療は確かな効果があります。面と向かい合って治療を受けるのと、効果の上では差がありません。しかし私としては、遠隔治療はなるべくならお受けしたくないというのが正直な気持ちです。なぜなら、人間には自分で病に勝とうとする自然治癒力があります。闘病の精神と治療者のエネルギーが合致したときに、病が改善する確率が高くなるのです。遠隔治療では患者が治療者の動きや真剣さを見ることはできません。そのために、患者は、人間に備わっている自然治癒力を発揮しようという意志をかきたてるきっかけがつかめないのです。

《ああ、今自分は神霊治療を受けようとしている》

患者がそのように自覚することで、治療のエネルギー効果は倍増します。遠隔治療にはそれがありません。前述のような、患者自身が治療を受けていることを知らないケースが、一番やりにくいのです。

どうしても遠隔治療をしなければならないときは、電話で連絡を取ってから、治療に入ることを患者に申し渡します。

「これから治療のエネルギーを送ります」

私は電話で相手に告げてから治療に入ります。

時には受話器を耳に当てたまま、胸に「聖の神」の御札を当ててもらうこともあります。受話器を耳に当ててもらうのは、私の治療の気合いや息使いなどを聴いて、患者自身が持っている治しのエネルギーをかきたててもらうためです。

神霊治療能力者が発するエネルギーの強弱や質は、遠隔治療においても変わりませんが、患者自身の自然治癒力の力は格段に劣ります。それで私は、なるべくなら面接の上で神霊治療を受けていただくようにしています。

神霊治療による治癒の例

●慢性頭痛

五十四歳・主婦・東京都
二十代の半ばから、数日起きに偏頭痛。医院、大病院を転々とするも改善されず、痛み止めの服用。
守護神の力が弱く、憑依霊による霊障。浄霊二回で憑依霊を除霊。三十年近く苦しんできた慢性頭痛から解放される。

●気管支喘息

六十二歳・男性・無職（印刷会社を定年退職）・神奈川県

四十代から発症。一カ月に三回ほど呼吸困難。本人は若い時の喫煙が原因と考えている。専門の医院で薬を処方。発作の回数は減るものの、就寝後に胸の喘鳴がする。

憑依霊による霊障。浄霊によって除霊。以後発作も喘鳴もなし。

●慢性胃炎

五十五歳・男性・会社員・長崎県

胃の痛みと不調。病院にて薬を処方。本人は酒の呑み過ぎとストレスが原因と考えている（医師の診断も同様）。

憑依霊による霊障。一カ月三回の浄霊によって症状は消える。飲酒を再び始めるも、三カ月間は異状無し。

●胃のポリープ

六十七歳・男性・タクシー運転手・熊本県

胃に痛みを感じてレントゲン検査。現在は手術の必要がないが、将来的には手術も視野に入れて経過を観察しようとの診断。

霊視では確たる霊障の判断はつきかねたが、本人の希望で神霊治療を行う。神霊治療後胃部の痛みは消える。一週間後再び病院でレントゲン検査。前回のレントゲン検査で写っていたポリープの影が消えていて医師は驚いたという。

●自律神経失調症

年齢五十代・女性・酒場経営・東京都

突然の胸痛と呼吸困難で病院で診断。問診では狭心症の疑いを指摘されたが、精密検査で、自律神経失調症と診断されたという。

霊視では霊障の疑いあり。一度の神霊治療で以後発作は一度も起きていない。その後日神会の会員となり、月に一度浄霊。

●胃ガン

五十八歳・女性・自営業・長崎県

三カ月ほど前から胃に痛みが走り、病院で診断を受け、ガンの疑いがありと診断。各種精密検査でガンと告知される。レントゲンにも豆粒程度のガンが写っている。手術をすれば百パーセント完治の見込みありと言われた。小売りの自営業を営んでおり、即入院というわけにはいかず、思い余って日神会を訪ねた。

霊視で霊障の疑いありと判断。せめて痛みだけを除去するために神霊治療を行う。約十分の浄霊で即座に痛みが消失。

一週間後、セカンドオピニオンで他の病院で診断を受ける。精密検査でポリープは良性のもので、現在は手術の必要なしと診断される（一年後、ポリープが消失）。

以上、何万例とある神霊治療の中から、身近な病気や異常について紹介しました。その中には、大病もあれば、人間的な確執のために背負った病気など、衝撃的な事例もありますが、あえて掲載を見合わせました。

神霊治療は前述のように憑依霊の浄霊による除去が中心ですが、中には憑依霊に関係のない病気も神霊治療で改善されることがあります。神霊の偉大なエネルギーが患部に作用するためです。守護神には、浄霊のエネルギーだけではなく、「負」を「正」に改善する力も持っているためです。神霊は、例えば、ゆがんだ心を真っ直ぐな清らかな心に改善したり、硬直した肉体を柔軟な健康体に変える力を持っているのです。

そのために、憑依霊に無関係な風邪など、三分程度の神霊治療で症状が軽くなり、翌日には回復することなどしばしば見られます。

神霊は偉大な力を持っているので、いかなる重病にも対処できますが、長年に渡って蝕まれた薬害、老衰、完全に重病化した精神障害者などには神霊のエネルギーが及ばないこともあります。五歳以下の幼児は、病状を正しく自分で説明できませんので、神霊治療には不向きです。

Part.4

浄霊による健康・開運の原理

浄霊と瞑想の実践

霊への無関心はよい結果を生まない

何度もくり返して述べたように、人間に寄り添う霊は、守護する人間と共により高い位に上昇しようという気持ちを持っています。その逆に寄り添う霊が低級霊だったりすると、より暗く、より辛く、より悲しみの多い場所に人間を連れて行こうとします。

一般的に守護霊的に寄り添っている善い霊は、上昇志向を持っていて、自分の守護する人間が良い運気に恵まれ、健康な毎日を送れるようにと守護しています。

善い霊にしろ、低級霊にしろ、霊そのものは淋しがり屋です。「淋しがり屋」などという言葉は人間界の言葉です。もちろん人間界における淋しいという感情と霊魂の持つ淋しいという想いは全く違います。ただ、この場合、私は人間界の人間に読ませる本を執筆しているわけですから、便宜的に「淋しい」という言葉を使ったわけです。

人間に寄り添う霊は、自分の寄り添っている人に、何時如何《いついか》なるときも霊の存在を忘れてほしくないのです。すなわち人間に霊を忘れた生活をしてほしくないのです。いかなる時にも、霊の存在を自覚し続けてほしいのです。

この想いは低級霊でも同じであり、その想いを伝えるために、低級霊の場合は、自分の存在を知らせたい人に事故を起こさせて怪我をするように仕向けたり、病気を重くして苦しめたりします。淋しがり屋の低級霊はまことに危険極まりないということになります。

善い霊は淋しいからといって、人間に怪我をさせたり、病気を与えたりしませんが、何となく体調がすぐれないとか、頭がぼんやりするという程度の信号は送ってきます。いずれにしろ、霊に無関心な生活をしていると良いことは起こりません。

ではどのようにして霊に決して霊の存在を忘れていないわけではないことを知らせたらよいかということです。その方法の一つが、浄霊と瞑想による霊とのコンタクトなのです。霊を忘れて暮らしていないことを常に霊に訴えるということです。

浄霊は低級霊を救済し、霊格を高めるための一つの儀式であり、霊の持つ汚《けが》れを清める儀式でもあります。

浄霊には、霊能者に行ってもらう「他者浄霊」と、自分で行う「自己浄霊」の二種類がありますす。霊能者に行ってもらう浄霊のほうが強いエネルギーで霊にアプローチできるので効果があります。しかし毎日、霊能者のもとに日参するということは不可能です。

そこで、自己浄霊によるアピールということになります。自己浄霊は、自分で自分を浄める一つの儀式です。自己浄霊法については、日神会では個別に指導しており、それを身に付けることは何よりですが、本書の読者には一応基本的なことを述べておきます。

自己浄霊にしろ瞑想にしろ、霊に働きかけるのですから、できるだけ静かな場所で、他にだれもいないところが望ましいのです。テレビ、ラジオの雑音も消してください。戸外の音もできれば遮断したいものです。

形は、椅子に座って行ってもよいし、正座でもあぐらでも結構です。自己浄霊の場合は本当は日神会がお分けしている「聖の神」の護符があればよいのですが、この際、護符をお持ちでない読者は、本書を自分の痛むところや不調の箇所に当ててください。霊とコンタクトを取るための浄霊でしたら、胸のところに本書を押し当ててください。

本来なら、日神会で指導を受ける場合なら吸いの呼吸や吐く呼吸など、自己浄霊のための呼吸法が伝授されます。しかし、多くの読者はまだ指導を受けていません。その場合は、

自己浄霊のイメージ

霊に働きかけるため、誰もいない、雑音のない、静かな場所で行う。
霊とコンタクトを取るために本書を胸のところに押し当てる。
大きく深呼吸をくり返し、心身が爽快感を覚えたら自己浄化は成功。
椅子に座る、正座、あぐら等、自由な姿勢で行う。

大きく深呼吸をくり返してください。心が落ち着き、心身が爽快感を覚えてきましたら、一応、自己浄霊が成功したと考えてください。守護神、守護霊にコンタクトを取る状態が一応整ったと考えられます。

瞑想で霊とのコンタクト

さて、次は瞑想です。瞑想とは、深く自分の深部に意識を集中させ、心を統一することです。これによって、自分に寄り添う霊とのコンタクトを取るための心の状態を作ります。

瞑想は、仏教の座禅と似ていますが、霊とコンタクトを取るための瞑想は目的が違います。仏教の座禅は、無念夢想の中で悟りを開くことを目的としていますが、私のいう瞑想は霊とのコンタクトを取る環境を整えることが第一目的です。

座禅には結跏趺座《けっかふざ》というような、座禅のための座り方の形式がありますが、霊とコンタクトを取るための瞑想には特別の方法はありません。自己浄霊と同じように、椅子でも正座でもあぐらでもよいです。病気や怪我の場合は寝ながらでも許されますが、寝ながらの瞑想は効力は少ないようです。身なりは、汗をかいていない、清潔な身体のほうがよいのは当然のことです。もちろん飲酒や満腹や睡魔に襲われているときは瞑想の効果がありません。

座禅は無念無想を心がけますが、霊とコンタクトを取るための心の統一は、無念無想でなくともよいのです。ただ雑念はあってはなりません。お金の心配や、恋人とのデートのことを考えたり、試験の点数を気にかけるなどの気がかりは、とりあえず意識の外に追い出して、雑念のない、空白な頭で瞑想にのぞみましょう。

私のすすめる瞑想法は、果てしない青い空や緑の大草原を思い浮かべることです。あるいは、メトロノームや時計が時を刻む音に耳を傾けるのも効果があります。

意識が統一され、身内が清浄な想いに満たされ、気持ちが落ち着きましたら瞑想は終わり、いよいよ霊とのコンタクトを取りましょう。

霊とのコンタクトの基本は、「聖の神」と「守護霊」に語りかけ、こちらの願いを伝え、それに応えてもらうことです。

自己浄霊によって霊は力を得ています。さらに瞑想によって、その力は倍増しています。その強い霊力で神霊（心霊）に語りかければ、強いエネルギーによって願いの筋は届きやすくなっています。

霊とコンタクトを取るための浄霊と瞑想は、どちらを先に行ってもよいです。各自のやりやすい方法で行ってください。

さて神霊に語りかける場合ですが、声に出して言葉で訴えてもよいし、意識を集中させて、心の中で語りかけてもよいのです。

語りかける内容は、その時、「聖の神」や「守護霊」に力を貸してもらいたい内容でもよいし、日々健やかに暮らしていけることの感謝の思いでもよいと思います。

コンタクトの取り方、祈り方に特別の決まりはありませんが一例として形を示しておきましょう。

「聖の神さま、守護霊さま、来たる×月×日の入社試験に無事合格できますようにお導き、お護りください。お願いします。お願いします」

深く二礼します。この場合、棚に「聖の神」の御札が飾ってあれば、その御札にしっかりと視線を向けて語りかけます。

「聖の神さま、守護霊さま、明日、北海道に家族旅行をいたしますが、道中、私をはじめ、家族一同が事故に遭いませんようにお護りください。なお旅が快適なものであるようにお護りください」

聖
瞑想をするときは、果てしない青い空や、緑の大草原を思い浮かべ、雑念のない心で「聖の神」と「守護霊」に語りかける。

深く二礼というのは同じです。

毎日、健やかに暮らしていることの感謝の気持ちを述べる場合も基本的には同じです。「聖の神さま、守護霊さま、おかげで毎日を健やかに暮らさせていただいております。心からお礼を申しのべます。感謝いたします。感謝いたします」

ここでも深く二礼します。述べる言葉は必ずしも、ここに記述しているとおりでなくとも、本人の思いのこもった言葉であれば特別の決まりはありません。

自己浄霊、瞑想はできれば一日に一回は行いたいものです。なぜなら、一日一回、日々に霊を意識し、自分の霊格を高め、霊の位を引き上げて霊のエネルギーを高めることによって、自分の健康を増進し、運気を向上させることができます。

しかし、多忙に追われる現代人には、一日一回の浄霊と瞑想の一時《ひととき》を持つのは難しいかもしれません。その場合は二日に一度でもよいし、三日に一度、週に一度でもよいのです。多ければ多いほどよいのですが、最低でも週に一回は浄霊と瞑想の一時は持っていただきたいものです。

自己浄霊と瞑想の時間が多くなればなるほど、健康で健やかな毎日が送れますし、あなた自身の運気が向上し、何をやってもうまくいくようになります。

神霊には身勝手な願いは厳禁

私たち霊能者は、大霊界の掟を知らない野次馬的な人から、ときどき変な質問を受けることがあります。

「霊と交信できるなら、当たり馬券の番号を教えてもらいたいものだ」

「宝くじの当たり券を教えてくれ」

「司法試験にどんな試験問題が出題されるか教えてもらいたい」

「株の売買について教えてもらえないか」

「相場取引の確実な線が知りたい」……等々。

私は霊能者として、以上のような点について、恐れ多くも、一度も守護神「聖の神」にご加護をお願いしたことはありません。また、仮に株の行く末について霊視や霊言の依頼を受けてもお引受けすることはございません。

まず、以上の願いが守護神になぜお伺いができないのかという点について、一つ一つの質問に大真面目にお答えします。

まず、馬券の願いから言いましょう。当たり馬券の番号を守護神にお伺いすれば、あるいはお答えいただけるかもしれません。もちろん競馬の出走の発表があってから、お伺いすることになります。競馬と騎手の状態から、守護神は入賞馬をたちどころに判定するかもしれません。

しかし、そのような願いは、守護神の一番嫌うところです。場合によってはそのような願いをすることで、守護神はその人から離脱することだってあります。

守護神はギャンブル、怠惰、放蕩を好む人間とは波長が合わないからです。このことを知っている私は、たとえ依頼されたからといってお伺いを立てるということはできないと思います。

仮にその人が、守護神に護られているなら、運気が向上していますから、自分の勘が冴えているはずです。その勘の冴えによって、当たり馬券を購入することができるかもしれません。守護神に当たり馬券を訊く前に、まず、自分の霊格を高め、運気を強くし、自分の勘を磨くことが先決です。

次に宝くじですが、これは抽選によって順位が決まります。多くは、機械が矢を放ち、番号を射止めて、当選番号が決められていきます。その時点まで当選番号は判らないわけです。無の状態から有を予知することは実際は神であっても難しいのです。これが危険の予知ということなら、守護神のエネルギーは最高に力を発揮するのですが、宝くじのようなギャンブル性の強いものに予知を求めるのはどうかと思われます。お力をいただく以前に、神霊が反応しないかもしれません。

司法試験の問題ですが、Part 2で前述したように、試験のような場合、守護神がサポートしてくれることは多くの人の体験していることです。サポートの仕方は試験問題を事前に教えるというような、違法で姑息《こそく》なことを神霊はいたしません。守護する人に対して問題に答えられるような能力を授けてくださるのです。すなわち、試験問題の答えを教えるのではなく、問題を解答できる力を与えてくださるのです。まれに、出題範囲をお示しくださることもありますが、それは当てにしないほうがよいでしょう。

株の売買や相場取引については、守護神にご加護で、運気を強くしていただければ、有利に展開することは十分に期待できます。しかし、どの銘柄が値上がりするかというような欲にからんだ願掛けに神霊は応ずるはずはありません。

神霊は前述したように個人の身勝手な願いに力を貸してくれることはありません。ある人は、パチンコの玉の出のよい機械を神さまに訊いて、連戦連勝したという話を聞いたことがあります。その話を聞いて私は不思議に思い、調べてみましたら、いたずら好きの低級霊の仕業でした。

低級霊の中には、今の話のように、人間の身勝手な願いに反応して一時的にその人に、よい結果をもたらすことがあります。それは、人間世界でいうところの悪戯《いたずら》です。低級霊には人間の欲望に応えて人間がよい気分になることで満足するという性質もあります。それは守護でも思いやりでもなく単なる気まぐれです。

低級霊の助力で賭博で連戦連勝を重ね、思いがけない大金をつかんだという人がおりました。ところが、突然、低級霊はその人から離脱してしまいました。その人はもともと、ギャンブルの才能のない人で、それ以後はギャンブルは大敗け続きです。博打で儲けた金はまたたく間に吐き出し、おまけに負けがこんで、全財産を失い、ついには夜逃げをして姿をくらましたという例もあります。身勝手な想念を送り続けると、低級霊などがおもしろ半分に反応して取り返しのつかないことになったりします。

神霊は博愛、奉仕、勤勉、努力という姿を好みます。放縦、怠惰、貪欲というような形を嫌います。身勝手な願いを神霊に送り続けることはやめなければなりません。

自分が極限まで努力して、それでなお、足りない部分を守護神に補ってもらうということが正しいのです。自分が何もしないで、全て守護神の力でやり遂げようというのは身勝手もはなはだしいというべきで、自分の霊格を下げることに通じます。霊格が下がれば、気まぐれな低級霊が寄り添ってくることになったりします。それは霊的には恐ろしいことです。人間はいつも努力をして生きていることで、守護神の加護がいただけるのです。自分自身は何の努力もしないで、棚からぼた餅が落ちてくるように守護神が力を貸してくれるということは、まずありえないと考えていたほうがよいでしょう。

運を開くためには、まず自分の霊格を高め、守護神のエネルギーを強くしなければなりません。

Ｐａｒｔ３の病気の項目で「念」（生き霊）のことをお話ししましたが、神霊（心霊）は呪いや憎悪の感情を嫌います。したがって、他人の死を願ったり、他人を不幸に追いやるような願いは受け付けません。例えば「××さんを病気にしてください」とか「××さんが不幸になりますように」というような願いも受け付けません。

その逆に相手の幸せを祈るというような、無私の心は高級霊が好みます。人を思いやるような心を持ち続けていると、守護神の力で運が開けるかもしれません。守護神は真善美のような、尊いものに波長が合うのです。

霊能者による他者浄霊は年に二回は受けたほうがよい

日々の霊的生活で、自己浄霊をしたり瞑想をすることとは、自分に寄り添う霊に常時活力を与えたり、上昇しようと願っている霊の志向に応えることになります。霊的生活では貴重な生き方ということになります。一日一回が無理なら、週に二度でも三度でもよい、多ければ多いほどよいと前述しました。絶えず霊と共に生きていることを自分で確認することで、より強い守護のエネルギーをいただけるのです。

浄霊と瞑想の日々を過ごすことは、人間界で健康的な生活を送っているのと同じです。例えば、人間界における健康な生活とは、栄養のバランスのよい食生活をすること、睡眠を十分に取ること、適度な運動をすることなどです。

霊的生活で理想的な生き方は、自分自身と自分に寄り添う霊が絶えず浄化されていて、霊が活力を得ているという状態を常時保つということです。暮らしの中でいつも守護神や守護霊が活力を得ていることで、低級霊の憑依を防ぎ、したがって霊障を受けない生活を送ることができます。

守護神が活力を得ていることで、霊障を受けない生活はもとより、その人の運気が上昇します。何かを始めるにしても、守護神ががっちりサポートしていますから、やることなすことがうまくいきます。本人は自分の運のよさを実感するはずです。

霊が活力を得ているときは、自分で不思議に思うくらい、あらゆることに「つき」があるのです。勘も働きます。予想も当たります。勘も予想も的中するのですから仕事もうまくいきます。

霊が最高のエネルギーを保持しているときは、会社の仕事も、上司がびっくりするほど何をやらせても満足のいく結果を出します。学生の場合は、難しい科目も自分でも信じられないくらいスムーズにクリアしてしまいます。スポーツ選手の場合は新しい記録が出たり、いつも負けている相手に勝ったりします。事業家の場合は新商品の素晴らしいアイディアが生まれたり、よい取引相手が次々に現れたりします。

自己浄霊と瞑想を、日々の日課にすることを私がすすめるのは、健康にして幸運に包まれた生活を送るためです。基本的には人間界の健康生活の実践に似ています。健康のために体操を日課にし、食生活に配慮することで心身の健康は手に入ります。しかし、健康な心身に恵まれても、運がよくなるということはありません。健康に勝る幸福なしと考えれば、人間界の健康生活も大切なことではあります。しかし、これに加えて、霊的生活の充実によって健康と開運の両方が手に入るなら、これこそ最高の生活術といえるのではないでしょうか。

ところで、霊的生活に破綻している人の一例を申し上げましょう。これは実際に私が相談を受けた話です。

当人は大手電気メーカーに部品を納品している下請けの工場主です。この人は、最初は霊的生活を真摯《しんし》に実行しておりました。運気も上々で、仕事も順調でした。何もかもうまくいくので、少し調子に乗りすぎたのと、仕事の多忙さから霊的生活をなおざりにして、目の前の現実生活に追われて半年ほど経過しました。

今まで、あらゆることが順調だったのに、突然、思いがけないアクシデントが次々に続発するのです。自動車で追突事故を起こしたり、銀行に行く途中に金銭を紛失したり、従業員とトラブルを起こして辞めさせるはめになったり、納品の品物に不良品が出たりと、悪いことが一カ月くらいの間に連続して起こったのです。これらの不運が集中して起こったので、さすがに本人はおかしいと首をひねりました。

何とかこの不思議な現象を食い止めなければならないと考え、日神会に駆け込んできたのです。私は話を聴いたときは、低級霊の憑依を疑ったのですが、霊視でいろいろ調べましたところ、この人に寄り添っている霊が活力を失い、守護するエネルギーを喪失していたためであることが解りました。次々に起こった不吉な事件は、霊の存在に無関心になった当人を、霊が懲らしめてやろうとして起こした事件でした。それにしても、大事に至らなくて何よりでした。

私が行った浄霊で霊は力を取り戻し、その人に再び強い運気が訪れました。日々、運気が上り坂になってくると、今度は不思議なくらい、何もかもうまく行きます。

まず、辞めさせた社員が詫びを入れて戻ってきました。次に紛失した金が警察に届けられており、銀行の袋にメモしていた友人の電話番号から、その人が紛失したものであることが判明して、警察から連絡がありました。一番大きな幸運は、不良品を納入したのにかかわらず、誠意を持って事後処理したことを評価されて、親会社からは新製品の開発による、部品の大量発注があったことでした。まさに逆転の幸運が次々に舞い込むのです。

自己浄霊と瞑想の日々は、暮らしの中で、確かに必要ですが、年に二回ほどは霊能者の他者浄霊を受けることが霊的生活をより確実に安定したものにさせます。

霊能者は霊と交信のできる能力を持っている人で、より強いエネルギーで霊にアプローチができます。日々、多忙に明け暮れている人にとっては、どうしても自己浄霊だけではエネルギーが不足しがちになります。寄り添う霊の活力を低下させないように、霊能者の他者浄霊を受けることをおすすめします。

イメージするなら、日々の自己浄霊が霊の汚れを取る作業とすれば、霊能者の浄霊は霊を完全浄化し、活力を注ぐ強烈なシャワーと考えることができるでしょう。年に二回は霊能者の強烈なエネルギーで霊によりいっそう強い活力を持ってもらうことが大切です。

霊の恨みや不満を消すことで肉体の不調と運気の低迷を防ぐ

私たちの日常生活で、何となく調子が悪いという日があるものです。どことい って痛むところがあるわけでも、ここが苦しいというところがあるわけでもありませんが、肉体的にも精神的にも、しゃきっとしないという状態です。肉体的には疲労感に似たものを感じるわけです。

「何となくだるい」

「何となく頭がすっきりしない」

「何もする気が起こらない」

当然ながら、こういう気分でいるときに何をやってもうまくいきません。したがって運気も下降線をたどります。

このような心身の無気力は、霊によって起こされていることがしばしばあるのですから、注意しなければなりません。

長い間登校拒否をしている子供を調べたとき、その子供に寄り添っている霊が子供の両親に対して恨みを抱いていたというケースがありました。子供は前日までは明日は学校に行こうと心の中で考えています。ところが当日になると、お腹が痛んだり、暗い気持ちにつき落とされて登校の意欲が減退してしまうのです。

絶対確実ということではありませんが、こういう場合、その子供に寄り添っているのは先祖の霊ということが多いのです。

その子供の一家は、父親の転勤で故郷の街から都会に移り住んで五年経ちました。子供の登校拒否は、慣れない土地での学校生活のためと、家族も最初は軽く考えていました。

しかし、小学校二年で転校してきたときは、新しい小学校ですぐに友達もでき、毎日、楽しそうに登校していたのに、中学校に進学してすぐに登校拒否が始まったのですから、家族も首をかしげてしまいました。なぜなら公立の中学校ですから、同じ小学校の卒業生の六割は同じ中学校に進学します。新しい学校になじみ難いための登校拒否とは考えられないのです。

そのうちに、父親の左肩に激痛が走って手が動かせなくなりました。病院で検査を受けたものの、原因不明であり、処方された痛み止めも効果がありません。左手はほとんど使えずパソコンも打てないほどです。会社に出勤しても仕事になりません。ある日、次いで少年の妹が、万引きグループの一人として警察に補導されたのです。心優しく、朗らかな純情な娘の意外な事件でした。

ここに至って、続けて起こる不吉な出来事に父親は首をかしげました。大げさにいえば自分の家庭が呪われているような不吉な思いがしたのです。会社の同僚から、私のことを聞いて訪ねて来ました。

私は、ご主人に請われるままに、霊についていろいろ調べてみましたところ、どうやら古里に置いてきた霊が関係しているようでした。

その人は五年間一度も帰郷せず、お墓は荒れたままになっています。どうやら、その一家には郷里に親戚もいないようで、墓地は荒れたまま放置していたようです。檀家寺があるのに不思議に思いました。郷里は東北地方の小さな町ですが、檀家寺と墓地は全く別の離れた場所にあり、お寺に供養を頼むということはできないのだそうです。

前述しましたように、霊は淋しがり屋なのです。一度も思い出しもせずに五年間も放置しておいたのですから、何らかの手段で霊は自分を実感してもらいたかったのです。

子供の登校拒否、父親の左腕の痛み、娘の非行と、立て続けに起こったマイナス現象は忘れ去られていた霊の恨みによるものでした。

最初、少年が登校拒否を始めた頃にこのことを気づけば、三人が苦しむことはなかったのです。前述したように、少年に寄り添っている霊は先祖霊の一つで、少年を通じて信号を送ってきたのですが、だれもそのことに思い至らず、結果的に家族が次々に霊障で苦しむことになったのです。

訪ねて来た父親にはその場で神霊治療（浄霊）いたしますと、どうやっても取れなかった痛みが一瞬にして消えました。不思議なことに父親の腕の痛みが消えるのと同時に、少年も翌日から登校するようになったと、父親から電話をいただきました。これには私も驚きました。考えられるのは、父親に寄り添う守護神が私の浄霊によって浄化され、力を得たことで少年の守護霊に働きかけて霊障を解除したのかもしれません。あるいは、父親に霊障を与えた霊は少年に寄り添う霊のしわざとも考えられます。

電話をしてきた父親は、今週中に家族そろって古里に墓参に帰るということでした。十分に供養して帰ってくるようにと私はアドバイスいたしました。

霊の恨みや不満によって体調がすぐれなくなったり、何となく気力が湧かないとか、運気が下降線をたどったり、身体に痛みが出てくるような時には、何をさておいても、浄霊によって霊の恨みを解消し、恨みのもとを取り除かなければなりません。

霊的生活としての先祖供養

「供養」という言葉は本来仏教の言葉です。単純な解釈としては、仏前に供え物をして死者の冥福を祈ることです。また、死者に代わって僧侶に布施をし、善行を積むことで死者の霊を安らかにするということも供養と呼びます。

霊学的には先祖の霊の怨念や現世に対する執着を浄化して霊界に確かな居場所を作ってやることが先祖供養です。

霊の怨念や執着というのは、言い方を換えれば霊の汚《けが》れということもできます。先祖供養を霊的に解りやすくいうなら、霊の汚れを浄化して清い霊魂にしてやることです。霊的生活における先祖供養は、具体的には霊能者によって浄霊を受けることです。

先祖の霊といえど、必ずしも子孫の守護霊になる霊ばかりではありません。怨念の霊となり、子孫に憑依して病気や災いを与えることもあります。また前述のように、忘れ去られたり粗末に扱われて、懲らしめ的に不幸や病気をもたらす先祖霊もあります。

霊能者の浄霊を受けられないまでも、自分に関わりのある霊については、時折追憶し、在りし日を偲び、その人を思い出しては手を合わせる優しい心を持つことが自分の開運にとっては必要なことです。先祖の霊を浄化しておけば、いざ手助けを得たい時に大きな力を貸してもらえることがあります。

ある感動的な話があります。その主人公を仮にK子と呼びましょう。K子には溺愛してくれた母方の祖父がおりました。祖父は、K子が中学二年の時に他界しました。以来、K子は祖父の毎月の命日に欠かさず墓参に出かけていました。

「祖父《じい》ちゃんのお墓参りは、年に一度の祥月命日《しょうつきめいにち》だけでいいんだよ」

両親や兄は毎月お墓に通う娘に言いました。しかしK子は聞き入れません。自分で供え物を用意して月に一度の墓参を欠かしませんでした。家族も墓参りは悪い心がけではないのでそれ以上何も言いませんでした。

高校時代はもちろん、新幹線で一時間近くかかる隣県の大学に入学してからも、祖父の命日には学生寮から墓参のためにわざわざ帰ってきました。その帰宅の旅費を工面するために、K子は焼肉屋の皿洗いのアルバイトをしました。

大学の寮から在来線で帰ると二時間半以上かかりますが、雨の日も風の日も、K子は必ず墓参に実家に帰って来ました。

大学では登山部に入部しました。小学生の頃祖父に連れられて小さな山登りを体験していました。その体験を懐かしんでK子は大学で登山部に入ったのです。そこで事件が起きたのです。

ある日の登山で、K子は仲間とはぐれ遭難をしてしまったのです。ひと晩中、山中をさまよい、精魂を尽き果てて、小さなほこらに倒れ込みました。K子はそこで急に睡魔に襲われました。季節は夏でしたが、雨に打たれ身体は冷え切っています。

《このまま、眠ってしまっては危険だ》という思いが、K子の脳裏をかすめましたが、睡魔には勝てません。眠りの中に引きずりこまれてしまいました。

その時、自分の名前を呼ぶ声に一瞬目覚めました。薄目を開けると、祖父が昔と同じような登山服に身を包んで立っているではありませんか。Ｋ子は驚きました。

「祖父ちゃん！」

Ｋ子は懐かしさのあまり声をかけました。

「Ｋ子、俺について来い」

祖父はいうと、先に立って歩き出したのです。

Ｋ子は朦朧とした、かすむ意識の中で考えました。

《私はこのまま死ぬのかもしれない。臨終のときに、かつて亡くなった親しい人が迎えに来るという伝説がある。それで私の大好きな祖父が迎えに来たのだ。自分はこの山の中で死んでいくのだ……》

Ｋ子は覚悟を決めました。

《それでもいい……。私の大好きな祖父が迎えに来てくれたのだから……》

祖父は懐かしい後ろ姿を見せて先にどんどんと歩いて行きます。Ｋ子はよろめきながら、祖父の後ろ姿を必死に追いかけました。意識はかすんでいきますが、祖父の後ろ姿を見失わないように後を追いかけました。

夜が明けていくのか、周囲が白々と明るくなっていきました。

《私は生きているのだろうか？》

Ｋ子は立ち止まりました。そのとき、自分を呼ぶ声がすぐ近くで聞こえました。

「Ｋちゃ～ん」

「Ｋ子ちゃ～ん！」

その声が聞こえたときＫ子は気を失ったのです。当然ながら祖父の姿も消えていました。まるでおとぎ話のような話です。

霊的解釈ではＫ子のたゆみない供養によって祖父の霊は浄化され続け、長い年月の間に神霊化してＫ子の守護神の役目を果たしたと考えられます。祖父の霊がＫ子の危機に際して救いの手を差し伸べ、Ｋ子を仲間の捜索隊の近くまで誘導したと考えたいと思います。

Ｋ子は三十時間ばかり昏睡した後に目覚めましたが、開口一番、側に付き添っていた母に、

「祖父ちゃんは？」

と訊いたそうです。

このＫ子の神秘体験については誰も信じなかったそうです。父も母も、兄も、登山部の

仲間も、誰も、K子の極限状況での幻覚であろうと判断しました。捜索隊の通り道に偶然倒れていたから助かったのだと皆は考えているようです。

「私は本当に祖父に助けてもらったのだと信じています」

K子は私に語りました。

「あなたの一日も欠かさなかった先祖供養で、お祖父さんの霊は浄化され続けていったためのお返しだったのでしょう」

K子はにっこり笑って私にうなずき返しました。もちろん今でもK子の祖父の命日のお墓参りは続いています。

「聖の神」の御札を身体に当てると痛みや苦痛が取れる原理

霊というのは力の強い霊に引き付けられるという性質を持っています。極論すれば霊の移動現象といえるでしょう。強いエネルギーを持つ霊に弱いエネルギーを持つ霊が引き寄せられるわけです。すなわち低級霊は高級神霊のエネルギーにはかないません。高級霊のエネルギーに引き寄せられてしまいます。

神霊治療はこの原理によって行われることが多いのです。霊能者の高級霊が低級霊を吸引して、その低級霊を霊能者の守護神が浄化するということです。この原理によって低級霊によってもたらされていた病状が改善するのです。

私が患者に手をかざすことで、患者の低級霊が私の中に吸引されます。この吸引された霊の歪みや汚れを守護神（私の場合「聖の神」）によって浄化され霊障が解除されて、病気が治っていきます。

御札というのはこの原理を応用したものです。「聖の神」の御札にはこの霊力が付加されていますので、不調の箇所が霊障ならば、御札を近づければ低級霊の移動現象によって症状が軽減したり改善したりするのです。

霊能者が常時側にいられれば、御札の必要はないのですが、それは現実的には不可能な話です。霊能者の浄霊（神霊治療）の代わりに「御札」を当てたり、あるいは、御札の持っている強いエネルギーを分けてもらって開運をつかむということになります。

自己浄霊のところで御札がない人は本書を御札代わりに利用するように申し上げたのは、私は原稿を執筆するに際して一字一字に霊力を注入して書いていますから、本書の言葉には強いエネルギーが封じ込められています。ある意味では御守りと同じような効果が期待できます。

もちろん御守りや本ばかりではなく、ペンダントやネックレスに霊力を付加することができます。パワーグッズと呼ばれるものが存在するのはその原理に由来するものです。すなわち、マイナスの霊を強い霊力によって吸引（移動）させようということです。問題は吸引した後その霊を浄化できなければ、移動した霊は行き場を失ってより位の低い低級霊となって憑依する相手を探すようになるかもしれません。あるいは、パワーグッズを付けているひと自身に再び戻って来ることも考えられます。

浄霊の力もないのに、いたずらにパワーグッズなどを身に付けていると、低級霊がどんどん移動してくるかもしれません。

「聖の神」の御札や本書には霊を移動させ、その上、浄化の力も持っていますから、現実の改善にも力が発揮できるのです。

霊によって運が開け成功する原理

すでに前述しましたように、霊は当たり馬券を教えてくれたり、商売のコツを直接伝授してくれるわけではありません。そんなことは、常識的にも当然のことで、改めて断るまでもないことです。

しかし、実際に私の所で浄霊を受けるようになってから客足が倍増して大きな利益が出るようになったという人もいます。私にはその理由が解ります。まことに単純な理由によって商売が繁盛したのです。

あるレストランの店主が、開業二年、客は増えず手持ち資金も底をついたと私のところに来てこぼしました。私にその理由を判断してもらいたいというのです。

私は経営コンサルタントでもないし、ビジネスの世界にはうといほうですので、私のアドバイスなど役にたちそうもありません。

私に相談に来たのは「何か霊的な問題が関わっているのではないか」ということの懸念のためでした。そういうことなら、多少のお役に立つかもしれないと思い、後日訪ねることにしたのです。

商売の基本は、よい商品、独自な商品を、適正な値段で販売することだと思います。これは霊的生活とは無縁な話です。素人でも判断できるビジネスの基本です。

これに加えて、店が入りやすいとか、店員の応対、立地条件などが総合的に作用して流行る店、さびれる店などができてくるというわけです。これは霊学とは全く関係のない次元の話です。

相談者の店は東京の下町で、店舗は大通りからは裏通りに当たる場所ですが、近くにさまざまな職種の店が商売しており、立地的にはそれほど悪い場所には見えません。

ただ、私は店の前に立ったとき悪い霊気を感じました。霊視してみますと、怨念を持った低級霊が何体も浮遊しています。これでは、店に入ろうとする客が、突然入る気持ちを失ってしまうということはあります。おそらくこれで入店しないで帰ってしまう客が相当数いたのではないかと思われます。

霊的にはマイナス霊の溜り場のような店舗ですから、客足が減るのは当然のことだと思います。残るは商品です。早速、二品ばかり注文しました。

ウェイトレスは近所の主婦とマスターの奥さんと二人で担当していますが、感じはそれほど悪くありません。客に嫌われるということはないはずです。

出された料理は私に食べさせるために腕を振ったのかどうか、味は悪くありませんでした。メニューの値段は、味やボリュームに比して少し安いくらいです。一応、商品は合格というところです。

私は、低級霊が浮遊していることについては詳しくは説明しませんでしたが、店内を浄霊しました。一応低級霊は一時間ほどで除霊できました。また日を改めて浄霊に伺うことを約束して辞去しました。私がアドバイスをしたのは、古い旧式のトイレを椅子式のウォシュレットのトイレに改造したほうがよいということだけでした。

それから、二カ月ほどしてマスターは、あの日のお礼に訪ねて来ました。客足は今、当時の五倍に増えたという報告をいただきました。トイレもすぐに工事にかかり、改造したということでした。当時の客の三倍で採算点だといいますから、五倍に増えたということは相当な利益が上がっているということになります。

霊による開運の原理は、店内に浮遊する低級霊の除去です。また、守護霊の中には、客を呼ぶことが好きな霊もおり、このような霊が、客商売の経営者に寄り添ってくれれば、まさに、鬼に金棒ということになります。

強力なエネルギーを持つ霊は、客の吸引力もあります。高級霊の側に居ることは人間には心地好いのです。開運の原理といってもそれほど複雑なものではありません。ビジネスの場にマイナス霊を浮遊させないということと、自らに寄り添う霊の霊格を高め、エネルギーを強くすることです。

これで商売はうまく行くはずですが、肝心の商品が二級品ではどうにもなりません。霊のエネルギーがいくら強くても、ビジネスの売り物が二流ではどうにもならないというわけです。商品が悪いということは霊以前の問題です。

Part.5

霊との正しいコンタクトの取り方

霊は人間の意思に反応する

基本的に私たちが心得ておくべきことは、人間も霊性を持っているということです。霊界の法則上は、人間も霊であり、霊界の霊とは同一線上に立っているということです。ただ残念なことに、私たちは霊界の霊と通ずる「言語」を有しておりません。

言語が通じないということなら異国人とも通じません。この際、外国語のスペシャリストやバイリンガルについては考えないでください。ここでは霊と人間の言語の例え話をしているのですから。

言語の通じない異国人でも、通訳なしで身振り手振り、以心伝心で何となく意思が通じあえるものです。ましてや霊とはある意味で一心同体です。言葉は通じないかもしれませんが、心では十分に通じ合えます。

自分に寄り添っている霊や守護神（守護霊）とのコンタクトはそれほど難しいことではありません。もちろん私たちが日本人同士で会話を交わすように霊と交信することはできません。あくまでも、霊と結ばれるのは「想念」です。想いを送信するということになります。これに対して霊の返事は「結果」です。「どうかりんごを恵んでください」と想念を送って、りんごが手に入れば、それが霊の返事ということです。

霊能者の場合は、いろいろと霊と会話を交わすことができます。私たち霊能者は霊とコンタクトを取って通常の会話のように、意思のやり取りをすることができます。これは特殊な能力によるもので、全ての人ができるとは限りません。また、霊能者にも能力に差がありまして、その通信の効果にはばらつきがあります。また能力の質によっても霊との交信手段もさまざまです。前述したように、例えば、自分自身、トランス状態になって、自分の中に霊を降ろし、霊と交信する方法もあります。

私は心の奥に霊の言葉が聞こえます。霊能者の中には、霊との交信はイメージとして、まぶたの中に描かれると語る人もいます。会話の進行にしたがってイメージが変化していき、イメージで霊の意思を理解すると語る霊能者もいます。私の場合も霊の言葉はイメージが音に再生され、その音が日本語（霊言）となって私の心の奥に届くと考えられます。

霊の意思を聴くのに他人の肉体に霊を降ろして、その人の口を借りて霊と会話を交わすという場合もあります。すなわち、霊媒の口を借りて会話を交わすわけです。

自分自身に霊能力があるかどうかは、ふとしたきっかけによって判明しますが、訓練によってもある程度は霊能力を開発することができます。しかし、職業的霊能者を志望していないのでしたら、自分の霊能力の開発に積極的にならなくてもよいでしょう。

霊に自分の想念を届けたいと考えたら、一方的に霊に想いの丈をぶつけてみることをおすすめします。霊能者でない限り、霊と会話をすることは難しいのですが、前述したように霊は正しい想念の送り方さえすれば、その意思に反応してくれるはずです。霊が反応したかどうかはその結果に現れます。

例えばあなたの誕生日のパーティーにぜひ来てもらいたいという人がいたとします。そこであなたはあなたの守護霊にその人が出席するように頼むわけです。

案内状は出してあるのですが、過去に一度くらいしか出席したことがない人です。今度も出席してこないかもしれません。そこであなたは守護霊に働きかけて来てもらおうとしているわけです。そしてあなたは霊と交信します。交信の方法については前述しましたが、次の項目で改めて総論的に述べます。

霊との交信が成功したかどうかは、前述したように結果で霊が答えを出してくれます。結果で答えが出るということは、この挿話の場合なら、その人が出席してくれるということです。

しかし、いくら守護霊でも、その人が外国に出かけていたり、大病で入院していたりすれば、たとえ強いエネルギーで働きかけても願いに応えることはできません。そんな場合でも、突然外国から電話やエアメール、インターネットで、残念ながら出席できないと連絡があれば、霊へのコンタクトが成功したと考えることができます。その人は霊の働きがあり、どうしてもあなたに連絡が取りたくなったのだと考えることができます。

もし、都合的に何の障害もないのに、相手が出席をしなかったとすれば、あなたと霊のコンタクトが不十分だったか、あるいは、その人の霊の波長とあなたの霊の波長が合わなかったために、その人に働きかけることができなかったということになります。もし波長の問題なら、早晩、あなたとその人の関係は悪化しますから、出席してもらわないほうがむしろよかったと考えることもできるのです。

こちらの想念の送り方さえ間違っていなければ、霊は必ず反応してくれます。そのことを信じて、ことあるごとに霊に働きかけましょう。

霊にコンタクトを取るテクニックとルール

●送信の内容によっては霊は反応しない

霊にコンタクトを取るための方法については本書でも随所で述べて参りました。ここでは、改めて総括的にそのテクニックについて細かく述べることにします。

実は霊とコンタクトを取るための前提として、まず自分自身がそれにふさわしい品格を備えていなければなりません。霊とのコンタクトを取るために特別の資格も資質も必要ではありませんが、品性が問われることが多いのです。

内心、下劣なことや、よからぬ企みなどを抱いていれば、霊とのコンタクトは難しくなります。霊を利用して一儲けしようなどと考えたり、こちらになびいてくれない彼女を、霊の力を借りて、ひとつたぶらかしてやろう、などと考えて霊にアプローチしても霊は反応することはないでしょう。

●霊の好むオーラと霊に嫌われるオーラ

端的にいえば神霊（心霊）は高潔な精神が発するオーラを好みます。これは私の長年の研究でも確かなことです。

放縦な暮らしを続け、日々に努力をしなければならないことをないがしろにして、困ったときの神頼み風に霊に助力を願っても霊は応えてくれません。

霊は人間と違いますから、誤魔化しや嘘が通用しません。真実だけを受け止めます。そのことをしっかりと受け止めて霊と向かい合わなければなりません。

ところで、霊はどんな人柄を好み、どんなオーラを受け止めるかについて、私の思いつくままに列記してみましょう。

労働、奉仕、善行、博愛、感謝、無欲、勤勉、謙虚、努力、正直、忍耐……というような精神から発するオーラに、霊はよい反応を示します。この精神を持って聖人のように生き続けることは、現実的には難しいと思いますが、コンタクトを取るときにはせめて、これらの精神に共感できる人間性を持って臨んでください。

霊が好まない人間性は、以上挙げたような精神と逆の生き方ということになりますが、具体的に挙げてみましょう。

怠惰、傲慢、不平、嫉妬、憎悪、狡猾、虚言、策略、背信、犯意、冷酷、自暴自棄、不真面目……などの精神状態ではおそらく、神霊は反応してこないでしょう。ところが低級霊はこのようなマイナスの心境を好みますので、こんな心境でコンタクトを取りますと、たちの悪い憑依霊を引き寄せる場合がありますから、注意しなければなりません。

●コンタクトを取るときの環境と禁止事項

神霊は静寂と清浄を好みますから、コンタクトを取る場合は静かなところでなければなりません。騒音、雑音の中でコンタクトを取ることは難しいと思います。

また、霊は清浄を好みますから、清潔な身なりで向かい合うことも大切です。シャワーや入浴の後などが好ましいと思います。

また、極端に疲労しているとき、飲酒の後、満腹状態、心配ごとのあるとき、睡魔に襲われているときも、霊との交信は不可能です。

シャワーを浴び、下着を取り替えたり、部屋の空気を入れ替えたりして、清浄な気がみなぎっている場所でのコンタクトを心がけましょう。

●コンタクトのワンポイント・アドバイス

霊とコンタクトを取る場合、幾つもの働きかけを同時に行っても霊は反応しません。一度に「××大学に入学できますように……、よいボーイフレンドと巡り会えますように……、にきびが消えて美人になりますように……」と同時に二つも、三つも霊にサポートしてもらおうとしても無理です。

霊とのコンタクトで有効なのは、一つの願いごとがかなえられるまで何度もアプローチをすることです。最初は結果が出なくとも、そのうちに霊がしっかりと反応して、結果を出してくれるものです。

あまり複雑な内容についてコンタクトを取っても、霊は反応を示してくれない可能性があります。複雑なコンタクトは複雑な波長を送らなければなりません。霊能者でもない人が、霊に対して複雑な想念を送っても受け止めてもらえない可能性があります。コンタクトの内容は単純にしたほうが結果が出やすいのです。

●コンタクトのＴＰＯ

現代人は多忙ですから、なかなか難しいことですが、コンタクトの時と場所は一定にしておいたほうが、霊と交信ができやすいということはいえます。

あるときは午後、あるときは朝、あるときは夜中と、コンタクトをする時刻が変わったり、また、あるときは居間、あるときは寝室、あるときは書斎、あるときはオフィス……と、いうように、時も所もその都度変わるということはあまり歓迎できません。どの時間帯でも、どんな場所でもよいから、何時も同じ時刻、同じ場所というのがおすすめです。絶対的条件というほど厳しい制約ではありませんが、できるだけそのほうが成功の確率が高くなるということです。

そのような前提のもとに申し上げれば、やはり時間は真夜中がコンタクトの成功率は高くなります。私は質問を受けて、アドバイスをするのは、コンタクトを取る日は早めに就寝し、夜中に起きるということをすすめます。具体的には午前三時から四時頃の間です。人を呪い殺す藁人形は、丑の刻《とき》参りといい、これは午前二時から二時半です。丑三つ刻といわれており、真夜中の代名詞となっています。私は、現代人の生活のサイクルからいって、三時から四時頃と便宜的にいっているので、午前一時でも二時でも、とにかく真夜中のほうが霊とコンタクトが取りやすいのです。

場所は特別に問いませんが、一人きりの場所というのは絶対条件です。側に奥さんが寝

霊とのコンタクトのイメージ
身の回りを清潔にし、一つの願いごと(例：大学に合格できますように…)を、真摯な想いで、何度でも結果が出るまでくり返す。
想念を受け止めた霊は、“結果”というかたち(合格成就)で答えを出してくれる。
結果がうまくいったら、霊に心からの感謝の想いを伝えよう。

ていたり、子供が横たわっていたり、ご主人がいびきをかいているという場所は適しません。

理想をいえば、無人の屋上とか、山頂、山小屋がよいのですが、これらの場所は厳寒の冬には無理な所です。たとえ、冬でなくとも、無人の山頂や山小屋に独りで向かうのは危険な行為です。例え都会でも、騒音がシャットアウトできて、独りだけの部屋なら霊とのコンタクトに支障はありません。

●結果が出るまで何度もくり返す

霊とコンタクトを取るのは、自分の霊的生活を確実なものとするためもありますが、他には、霊にサポートしてもらいたい諸問題を、霊に依頼するためでもあります。

自分の霊格を上げたり、霊に感謝の念を届けるための送信でしたら、一方通行でも構わないわけですが、もし、具体的にサポートしてもらいたいことがあってコンタクトを取ったのであれば、その結果について霊にはしかるべき答えを出してもらわなければなりません。例えば、恋愛願望を抱いている人が良い出逢いがありますようにと、霊にコンタクトを取った場合、霊はその「想念」を受け止めれば、何らかの反応をするはずです。何の反応もなければ、想念が届いていないのか、あなた自身に問題があって、霊はその想いを受け入れていないのです。

あなた自身に問題があるというのは、現につき合っている相手がいるのに二股をかけようとして霊にコンタクトを取れば、霊はあなたの想念に反応しません。また、あなたが消費者金融に多額の借金があったり、真面目に働く意欲がなかったりすれば、霊はあなたのコンタクトに反応しないかもしれません。そんな人間では良縁を得る資格がないと、霊は判断するわけです。

あなた自身に問題がなく、コンタクトの取り方に間違いがなかった場合、もし霊からの何らかの応答がない場合は、その理由は不明ですが、明らかに霊とのチャンネルがつながっていないのです。霊とのコンタクトがうまくいっていないということです。そういう場合もあるのですから、一度や二度で投げ出したりしないで何度でもコンタクトの努力を続けてください。必ず霊は結果を出してくれます。

●霊には嘘も方便も通用しない

高級神霊（心霊）はコンタクトを取ってきた人間の本気度を即座に判定します。人間と一心同体である霊に嘘や言い訳は通用しません。いい加減なコンタクトをくり返して行っているうちに、反応を示さなくなるばかりか、最悪の場合は守護的役目を担う霊は離脱して、低級霊の襲撃を受ける危険にさらされます。霊とはあくまでも本音で真摯にコンタクトを取らなければなりません。からかいの心などはもってのほかです。そういう不誠実な態度は憑依霊の格好の標的になります。

●良い結果が出たら霊にお礼を述べる

霊のサポートで結果がうまくいったら、心からの感謝の想いを伝えましょう。人間世界でもお世話になったり、助けてもらったらお礼を述べるのは常識です。基本的に謝礼の心というのは霊に対しても必要な心情です。「感謝」は神霊の好むオーラです。神霊の好むオーラを発しながら霊とつき合っていれば間違いがありません。

霊能が働いているときは霊のリアクションが解る

人間には体調がよい日や悪い日があります。これは仕方がありません。何時も途切れずに絶好調を維持しているというのはなかなか難しいようです。プロ野球の投手でも、よい日悪い日があります。ばったばったと三振の山を築ける日もあれば、ぽんぽんと長打を打たれて、短い回にノックアウトという日もあります。

何時も快調を維持していられれば問題はないのですが、なかなかそうはいきません。人間は日によって調子に波があります。

ひらめきのようなものも、良く働くときと、どうもうまく頭が回らないときもあります。霊のサポートによっても微妙に変わるときがありますが、霊に関係なく、その日の体調によって左右されることもあります。

このときの好調不調は霊によるものではありませんから、霊能者といえども避けられないのです。私たちは霊と交信するプロですから、なるべく好不調の波を作らないようにしています。霊と交信する場合はやはり、体調良好、心が冴え渡っているときのほうが良いコンタクトが取れます。

風邪を引いていたり熱があったり、怪我をしたときなどは、プロの霊能者といえど霊に働きかけるのは控えたほうがよいでしょう。

私たちプロの霊能者も、体調がよくて心が冴えているときのほうが、霊とのコンタクトが確実にスムーズに行うことができます。ましてや、一般の人の場合、霊にコンタクトをするのは体調万全のときがよいと思います。

単に霊に対して一方的に、感謝の気持ちを伝えるような、一方通行のコンタクトの場合は霊のリアクションがなくても、現状に影響はありません。ところが、霊にサポートを依頼し、それをしっかりと受け止めてもらわなければならないというような、大切なアプローチの場合は、体調万全にして心が冴えているときに行ったほうが確実です。

前述したように、霊とコンタクトを取る日は、体調万全の日を選びましょう。シャワーを浴び、下着を取り替え、静かな場所で霊にアプローチしてください。

人間はもともと霊的存在です。誰もが霊的能力を内に秘めているのです。この霊能力が突出している人が霊能者というわけで、一般の人でも、霊と関わりを持てる能力が潜んでいるのです。

ふだんは内に秘めている素質が、ふと、表面に現れて来ることがあります。一時的に霊能者になるということです。

ある人が大願成就のためにお百度参りをしたのです。お百度を踏むというのは、願いをかなえるために、神前や仏前に往復百回を往来《ゆきき》することです。満願の日、ついにその願いがかなえられるというわけです。霊的にいうなら何度もくり返して霊にコンタクトを取り続け、霊の助力を請い願うわけです。霊とのコンタクトをお百度参りに例えるなら、霊との百回コンタクトということになります。この方法は実際にあった話です。

あるディベロッパーが関東地方の都市開発に着手していました。荒れ果てた原野と農地を買い取って人口五千人の町を作ろうとしていたのです。

最寄り駅に通ずるバス路線の道路も整備し、バス会社に定時運行の協力も得られました。大型スーパーの出店も了承を取りつけていました。土地の買い取りもあるときまでは順調に進んでいました。着々と準備は進行していました。

あるときまではというのは、最後の詰めの段階に至って一人の地主だけが土地の売買に応じなかったのです。その土地は、町の中心に位置しているため、その部分だけを度外視して街づくりの設計はできなかったのです。値段の交渉にも会社側は柔軟に対応したのですが、地主の言い分は先祖伝来の土地をむざむざ手放すことはできないというのです。

銀行や農協の融資も決定していて、施工の準備はほとんど完了しています。それなのにこの地主一人が売買に応じないのです。その地主の土地は、町の中心部に当たる場所ですからその部分を迂回して工事を始めるわけにはいかないのです。ディベロッパーは手も足も出ません。それこそ社長は、ある日から地主のもとにお百度を踏んだのです。

ほぼ一カ月通いつめましたが、地主は首を縦に振りません。万事休すです。最悪の場合は計画を白紙に戻さなければなりません。

すでに三分の一くらいの地主には、契約を交わし着手金も支払い済です。もし契約を破棄したとしても、支払済の着手金が全額戻って来ることはありえないでしょう。もしそういう事態になれば社長の背負う負債は莫大なものとなります。

社長は抵抗地主の心をひるがえさせるために、自分の守護神に頼むことに決めました。これで成功しなかったら、二つの道しか残されていないことを社長は覚悟しました。社長は、もし地主が承諾してくれなかったら、一つは自殺して全てを放棄するか、もう一つは地主を拉致《らち》して、刺し違える気持ちで、力づくで脅《おど》して契約書に印鑑を押させるしかないと考えていました。いずれにしろ、穏やかならぬ決意を胸に秘めていたわけです。霊に百回のコンタクト。口では簡単にいえますが、実行するのは大変な苦しみです。まさに、死にもの狂いのコンタクトだったわけです。

社長は日神会の東京聖地に日参しました。聖地に通えない日は、社長室のドアに鍵をかけて、神棚の「聖の神」の護符に手を合わせて霊とコンタクトを取り続けたのです。

社長は日神会に朝と晩二回も訪ねて来るときもありました。仕事の都合で日神会に来られない日には、社長室、旅先のホテルなど、寸暇を惜しんで霊にコンタクトを取り続けました。

日神会に来て、何十回目かのコンタクトをしているときです。閉館の時間も過ぎて、聖地大広間には社長が一人だったそうです。社長は、その日はいつもと異なる気分がしていたということです。

広間に入ったときから、耳元で「頑張って！」という声がするのだそうです。童女のような声だったと、当時を振り返って社長は述懐しています。

すでに職員の姿もない広い東京聖地の中央に座り、正面に安置されている「聖の神」に向かって自己浄霊の後、守護神（守護霊）に対し、数十回目のコンタクトを行いました。

「聖の神様、守護霊様、どうか地主××氏が契約を承諾していただきますように、お力をお貸しください」

暮色の色濃くなってきた広間の中央で、畳に額をすりつけて社長は何度も何度も守護神「聖の神」に訴えたのです。

コンタクトが終わり、立ち上がろうとしたその時に耳の奥に厳かな声が聞こえたのです。男性とも女性とも大人とも子供ともつかない涼やかな声でした。

「××の娘の力を借りよ」

「御霊様、もう一度お願いいたします」

聞きもらしたかもしれないと思った社長は、再度のお告げを請いました。もう声は聞こえないかもしれないという危惧を抱きながら、畳にひれ伏しました。

「××の娘の力を借りよ」

まぎれもなく同じお告げでした。

早速会社に戻って調べましたところ、地主には一人娘がおり、地主と同じ町内に婿を取って孫二人と夫の四人家族で暮らしています。婿は東京の会社に通勤するサラリーマンでした。地主は実家に一人暮らしをしていたのです。

お告げではこの娘の力を借りなさいということのようです。翌日、社長は地主の家に向かう前に娘の住む家を訪ねました。

菓子折と名刺を差し出した社長に、娘は笑ってうなずきました。社長の来意をすぐに察したのです。四十半ばの美人で上品な娘でした。

「父は頑固でございましょう。今度のお話は私たちは大賛成ですのよ。主人も定年まで会社勤めを辞めるつもりはありませんし、会社を辞めてからだって、お百姓さんなんかできませんわ。あの農地を相続したところで本当は宝の持ち腐れですのよ」

社長の誠意あふれる説得と依頼に娘は応じました。

「必ず父を説得いたします」と娘は約束したのです。

それからも、社長は霊へのコンタクトを取り続けました。

百回の霊とのコンタクトが満願を迎えた翌日、一本の電話が入りました。地主からでした。電話の内容について改めて説明するまでもないことと思います。契約について改めて話合いを持ちたいという電話でした。

それから後も紆余曲折があったものの、結局は、契約完了に漕ぎ着けたのです。そして無事に小さな町は誕生しました。

このエピソードは先代、初代会長隈本確（聖の神霊位）の頃の話です。

長々と物語を書き連ねましたが、ここで私が述べたかったのは、ある日あるとき、だれもが霊能者の素質を発揮できることがあるということです。

本来なら、霊能者しか聞こえない霊言が聞こえ、霊と確実にコンタクトが取れるということです。しかし、そのためには、必死な思いで霊にアプローチすることが大切です。まさにお百度を踏むような切羽詰まった心境で霊に訴えれば、霊は願いに応えてくれます。そのような霊的生活に必死になって取り組んでいると、時々、霊能が発揮されることがあります。そのような時には霊視ができたり、霊言が聞こえたりすることがあります。

前述の社長は日神会の熱心な会員で、時間があれば東京聖地にきて、浄霊を受けていました。霊的に格調の高い生活を送っていたことで、霊能力も磨かれていたものと考えられます。霊能者の力も借りずに、自らの力だけで見事に霊の助力を得ることができたのです。

守護神と守護霊は異なる

読者の中には、私が「守護神」と言ったり「守護霊」と言ったりするので、戸惑いを感じたり、どこか釈然としないものを感じている方もいらっしゃるのではないでしょうか。プロローグでごく基本的なこと、「神霊」と「心霊」について述べました。ここでは少し詳しく、私の所見を述べたいと思っています。

前述したように、「心霊」はあくまでも死者の「霊魂」です。ただ「心霊」には幾とおりもの形や性質があり、一括りにして論ずることはできません。また、年代的にも数千年という長い年月にわたって人間界に関わってきた「霊魂」もあれば、数十年にして「神格化」して人間の守護霊となるもの、あるいは死して即、人間に寄り添う霊もあります。

本書で繰り返し述べていますように、怨念が強すぎたり、生前から霊格の低い人の霊魂などで、霊界に入って行けず、浮遊霊や地縛霊、あるいは狂霊となって人間に災いをもたらす霊もあります。

この世は霊界と一体となって営まれています。人間界と霊界は全く異なる次元の世界ですが、現象的には一つの世界となっているのです。人間は霊界を無視して、あるいは知らずして生きていくことはできません。

人間は人間界の法律や常識にしたがって生きて行かなければなりませんが、目に見えない大霊界の法則にも組み込まれています。大霊界の法則を無視して生きていくということは実際にはだれ一人としてできないのです。

知らずして生きていくことは人間界の法律や常識を知らずに生きるのと同じです。人間界の法律も常識を知らなければ、人間界では受け入れてもらえないでしょう。法律も常識も無視して生きるということになれば、まさに西部劇の無法者です。街の人々から恐れられ、嫌われ、終いには名保安官のピストルで撃ち殺されるか、住み慣れた街を追われてさすらいの旅に出るしかありません。

大霊界の法則を知らずに生きるのも同じです。霊界の法則を知らずして、真の幸せも、開運も、健康もありえません。突然の不幸も、大病も、一生を棒に振るような失敗も霊によって与えられることがあります。もちろん、その逆もあります。霊によって突然の幸運や出世コースを歩むことになったり、また、命の危機を救われたりすることもあります。

私たちは好むと好まざるとに関わらず、霊と共に歩み、霊に護られ、ときには霊に支配され、霊の力を借りて生きて行くことになるのです。

また、人間は死して霊界に入っていき、あの世で無限の歳月を送ることになるのです。最後の最後は霊界の法則によって永遠の魂となるのです。

人間世界は高々、人生八十年、霊界に入れば無限の命をいただくことになるのです。霊界の法則を忠実に生きて無限の魂として昇華するか、大霊界の法則を逸脱して歓迎されざる霊としてあの世の外でさまようか、人間界八十年の間の精進の仕方に関わってくるのです。私たちは霊的生活をなおざりにしてはならないのです。

大霊界の法則によって私たちは寄り添う霊魂の守護を受けているのです。通常その霊を「守護霊」と呼んでいます。

守護霊の理論には諸説があります。ある心霊研究家は、人はだれでも守護霊を持っていると断言しています。しかし、人間を守護しているのは「神霊」で「心霊」は神霊のサポートを引き受けているだけだと述べている人もいます。

ある研究家は、守護霊は死後数日から約七百年くらい経過した先祖の霊の中から、大霊界の法則で選ばれ、特定の子孫の守護霊の任につくと、具体的に述べている学者もいます。

私の見解は後述するとして、次に「守護神」について述べることにします。神霊についての基礎的な考え方は、プロローグで、日本神道の例を引き合いにして詳しく述べたつもりです。

「神霊」は「心霊」と違って、大宇宙、大霊界に存在する絶対的な「力」と考えることができます。私たちは通常、その見えざる偉大な力を「神」と呼んでいます。「神」とは人間界、大霊界、大宇宙に存在する偉大な力です。多くの人が神社や仏閣に行って、御利益《ごりやく》が授かるように祈るのは、この絶対的な力に対してであります。

この神霊の偉大な力については、その実態はまだ解き明かされていません。これから何千年の後も解き明かされることはないかもしれません。偉大な力は神秘であり、人知をはるかに超えています。ゆえに人間にとって「神」なのです。

キリストの信者は、キリストという教え主《ぬし》は偉大な超能力者で、信者の困難を救ってくれると考えます。クリスチャンにとってキリストは偉大な神ということになります。仏教徒は、釈迦という教え主は偉大な超能力者で、信徒が祈ることで困難を救ってくれると考えています。ゆえに仏教徒にとって神は釈迦なのです。

初詣には、何百万人の人が神社、仏閣、教会に押し寄せます。一つのお祭りであり、年に一度の恒例の儀式のようなものですが、多くの人は、やはりその効果を期待しているのは間違いありません。効果を期待するということは、神仏にはそのような力があるのだと、心の片隅で考えているという証拠です。

私たちは「霊魂」の持っているエネルギー、「神霊」の持っているエネルギーが私たち人間に関わってきているということを心のどこかで信じています。

私たちが祈るのは、このエネルギーのおすそ分けを願ってのことです。

研究者の中には、死者の霊魂が何百年も上昇し続けてやがて神格化したのが「神霊」であると述べている人もいます。この説は割に解りやすく納得しやすい説です。

偉大なエネルギーは、実はもとをただせば、人間の「祖霊」であったということは説得力があります。

日本神道は、あらゆるものに精霊が宿って、人間の営みに関わってきているという考えが原点です。神道は人間も死して神となるという考え方をします。

日本神道は雨にも風にも火にも山にも川にも精霊が宿り、人間に関わっているという考え方です。関わるというのは、人間を護ったり、罰を与えて懲らしめたりするということです。人間は、神に対して、罰を許してもらい、生活を護ってもらうために神社を建立して神を祀ったのです。

あらゆる現象は全て神の意《こころ》だと考えました。豊作になるのも、嵐が来て農作物がだめになるのも、神の「こころ」だとして畏《おそ》れかしこみ、崇《あが》め奉りました。

私個人の考えは、人間を護ってくれている超エネルギーは「守護霊」と「守護神」の発する二つのエネルギーだということです。

人にはそれぞれ守護霊があり、その人の人生を護り続けています。しかし、その守護霊に偉大な力を与えているのは守護神だということです。

その形を端的に表しているのは神霊治療です。霊能者による神霊治療の形はさまざまですが、私の場合、患者の憑依霊を治療者の内に取り込むのが、霊能者に寄り添っている霊であり、その取り込まれた霊を浄化するのが守護神のエネルギーだということです。二つの力があいまって、偉大な超能力現象、神霊治療が力を発揮すると考えています。

守護神も守護霊も、その当事者が人間の道にはずれたり、霊とのコンタクトをなおざりにしておりますと、離脱したり、より位の低い霊と入れ代わったりします。当事者が人間として正しい道を歩む限り、守護神も守護霊も生涯当事者と共に向上を続けながら、死して後、あの世へのガイド役を引き受けてくれます。

テレパシーは霊のサポートで強弱が決まる

人間も霊性をもっていますから、テレパシーに感応することはしばしばあります。テレパシーは「遠隔精神感応」「思念伝達」などと訳されています。俗にいうところの「虫の知らせ」のことです。すなわち何の手段も使わずに「思いが伝わる」ということです。

だれかが自分のことを考えているときに、自分もその人のことを急に思い出したりします。まことに不思議な感覚です。

日本のことわざに「噂をすれば影とやら」というのがあります。だれかの噂話をしているときに、突然、噂の本人が登場したりします。他にも同様の経験をしている人はたくさんいると思います。

あの人と会いたいと思っていると、その人がひょっこり訪ねて来ることなどがあります。あの人と連絡を取りたいと思っていると、その人から電話がかかってくることがあります。このような例は列挙したらきりがないくらいです。

日本のことわざの「以心伝心」なども思念伝達です。こちらが思っていることが手段（言葉）を使わずに相手に伝わるのですから、まさにテレパシー現象ということになります。

前述した「念」もテレパシーと同類の現象ですが、念はあくまでも生きている人間の願望のエネルギーです。要するに念とは生き霊現象です。これに対してテレパシーは、霊的な要素の強い現象です。霊現象というのは霊界の法則によって現出されるものであり、守護神（守護霊）が関わっている現象です。霊感が強いというのは、テレパシーが強いことだと言い換えることもできます。

私は「聖の神霊位」（隈本確）によってテレパシーの感応法の指導を受けました。

それはある意味で神霊とのコンタクトの特別な方法といったものです。このテクニックを身に付けたことによって、相手の心を知りたいと思ったとき、即座に知ることができるようになったのです。

例えば神霊治療を行うとき、患者の心にテレパシーを送るのです。そのテレパシーに感応した患者は無言のメッセージを送ってきます。

「あなたは神霊治療に疑問を持っていますね？」

「私がまだ年齢的に若いので、不安に思っていますね？」

答えがテレパシーで返って来ます。

《私は今、本当に神霊治療で治るのか迷いながら神霊治療を受けています》

《初代会長は偉大な霊能者でしたが、第二代会長は年齢的にまだ若い……。本当に神霊治療の力があるのだろうか》

患者の心にくすぶる思いは、私のテレパシーのテクニックで私にはね返ってきます。患者の思っていることを私がありのままに口に出すものですから、相手はびっくりします。照れた笑いを浮かべて「そんなことは思ってもいません」と弁解する人もいます。

「そうですか……。それならよいのですが、私のことは心配はいりませんよ。年は若いですが、治療実績は何千人とありますから……」

私は相手に言います。相手の心から疑問や不安を取り去って治療することが、神霊治療には大きな効果を生む条件の一つです。このようなときにはテレパシーの感応テクニックは大きな力を発揮します。

私がテレパシーに大きな興味を持つのは、霊界の法則と直結した現象だからです。守護神、守護霊の力を借りなければテレパシーを強烈に感ずることはできません。テレパシーが実感できるということは、霊の実在を実感していることなのです。特殊な例でいえば、神霊の言葉を感応するのもテレパシーなのです。テレパシーは霊とのコンタクトを取る上での原点ともいうべきものです。

霊媒というのは、高度なテレパシーによる霊の意思の伝達者です。霊的生活を送る上では、霊媒と同様のテレパシーの感応力を高めることが大切です。

自分の守護霊や守護神に働きかけて、霊の発するテレパシーに見事に感応するということが、大霊界の法則を遵守して生きるということに通ずるのです。

Part.6

善い霊に好かれる体質をつくろう

霊は怖いものにあらず愛しきもの

人間界は霊界と表裏一体のものです。人間界なくして霊界はなく、霊界なくして人間界は存在しません。私はそのことをフィルムのポジとネガに例えました。人間界は現象の世界であり、霊界は形象のない世界です。

電波によってテレビに画像を結ぶことを霊界の法則になぞらえて説明してみましょう。電波は人の眼には見えません。しかし、テレビのパネルに美しい画像を結びます。この場合の電波は霊界の法則であり、液晶画面に映し出された画像は、人間界の現象と考えることができます。すなわち、見えない電波によってテレビ画像が映し出されるように、見えない世界の関わりによって、人間界は営まれているということです。

電波の発生は物理的に説明がつきます。科学的な現実だからです。しかし霊の実体は、科学的エビデンスとして、いまだに証明されておりませんから、論理として説明することはできません。しかしイメージとして説明することで理解していただけると思います。

私たちはさまざまな性質を持った霊魂とともに暮らしています。まさに文明社会に生きる現代人が、電波に取り囲まれて暮らしているのと同じです。現代人は電波のお陰で便利に暮らしているといってよいかもしれません。それと同時に、人間界にはさまざまな霊波が飛び交っています。

しかし電波と霊波を同じようには論ずることは、少し飛躍した言い方になるかもしれません。それに、電波は法的に規制され、国によって管理されています。悪い有害な電波は放流されないような仕組みになっています。ところが、霊波は有益、有害、無害な、あらゆる種類の霊波が私たちの周りを飛び交っているのです。

高級霊、低級霊、指導霊（後述）、浮遊霊、地縛霊、狂霊……などが我が物顔で漂っています。特に低級霊は、おのれが救われたいために、おのれと波長の合う人間を探しているのです。

どの低級霊も救われたいと願っているのです。中には救われることを放棄して、ますます下の位、底辺に堕ちて行こうとしている霊もあります。人間世界の、自暴自棄でどん底に堕ちて行く人に似ています。しかし、どん底に堕ちて行こうとする人間は人間世界でも少ないように、霊界においても少ないのですが、皆無というわけではありません。

本来、霊が人間に憑依するのは救われることを求めてのことです。霊が救われるということは、浄化され、霊界に確かな居場所を確保して日々に浄化しつつ、究極には位の高い場所に上りつめることです。

霊が救われないのは、霊魂にしみついた怨念や邪念に汚れているからです。霊は怨念や邪念をいち早く拭い去って、霊界に確かな場所を確保したいのです。そのためには力のある霊能者の手によって浄化してもらいたいと考えているのです。

霊が持つ苦しみや願いを人間界の人に解ってもらいたいために、波長の合う人に憑依して訴えるのです。訴える方法は、はなはだ乱暴で容赦がありません。難病や悪運などに引きずり込もうとするのです。

霊の訴えも、軽い病気なら、憑依された人間が気づかないかもしれません。鼻風邪やかすり傷なら、売薬を飲んだり塗ったりして治してしまうかもしれません。それでは霊の悲願は伝わりません。それで、原因不明の痛みや自動車事故などを起こさせて、憑依霊の存在を知らしめるようにするのです。人間にとっては危険極まりない憑依現象です。これで命を落とす人もいるのですから、たかが霊障と軽く考えるわけにはいきません。

このような話をしますと、霊は怖いものだと考えがちですが、霊格を高めてさえおけば、憑依霊の接触はほとんどありません。怖いと考えないで、むしろ愛しきものと考えること

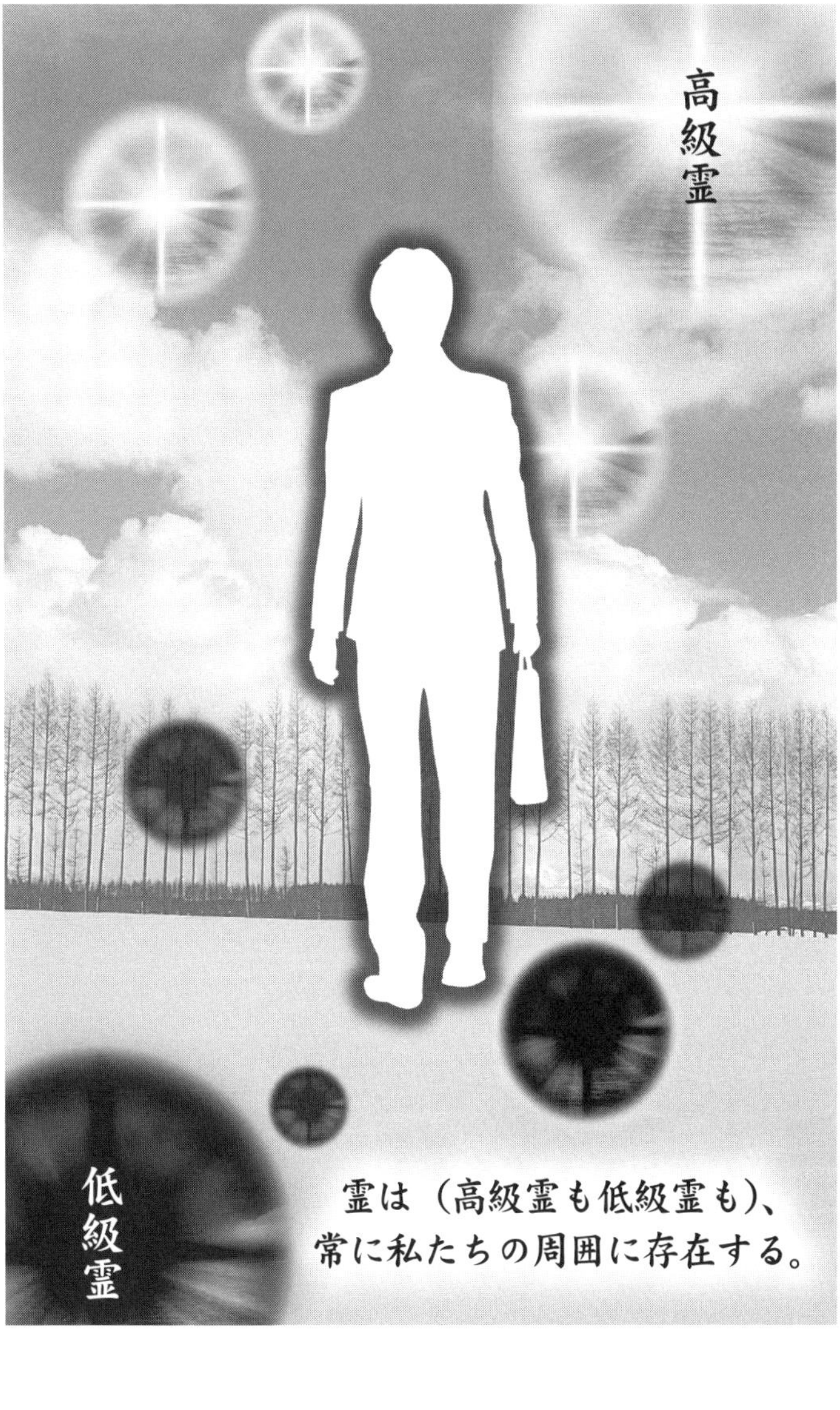
高級霊
低級霊
霊は（高級霊も低級霊も）、
常に私たちの周囲に存在する。

で、霊の強いサポートが受けられるのです。

霊で決まる勝ち組、負け組

霊はもともと、人間界で暮らしていた者が、何らかの原因で死者となり、霊界に入ったわけです。その中の選ばれた霊が人間界の人間に寄り添って、守護霊的な役目を果たしているわけです。人間に寄り添う霊は霊界でそれなりの位を持っていますが、それぞれの霊によって力関係が違います。

この霊が持っている位の違いで、運のよい人、出世する人、芸術家になる人、科学者になる人、学者になる人、教育者になる人、スポーツ選手になる人、職人になる人、農業に従事する人、商人になる人……というふうに道が分かれて行きます。

霊の持つ力関係で、一流の役者になったり、結局、大役者にはなれず、村芝居のスターで終わるという人もいます。勝ち組、負け組ができるのも、結局、霊の位で決まることが多いのです。そのために、自分に寄り添う霊の位をあげるように、折にふれて浄霊や瞑想の時を持つようにすべきです。

もし、人生の負け組に入ったというのなら、それは自分自身の精進が及ばなかったのですから、結果に差がつくというのは自業自得の面もあるのです。

しかし、自分はサッカーの選手になりたいから、そのような霊に寄り添ってもらいたいと思っても、必ずしもそのような霊が自分に寄り添ってくるとは限りません。ただ、その願いを絶えず持ち続け、自分の進むべき道に精進していれば、寄り添う霊がその願いに呼応して、霊格が進化したり、他の霊と入れ代わったりします。

高級霊は、基本的にはその人間の求めるものが大霊界の法則に合致していれば、その願いに応じて運が開けるようにサポートしてくれます。

問題は通常「悪霊」と呼ばれる「低級霊」の憑依によって運命が下降することです。通常私たちは、便宜的に低級霊を「悪霊」と呼んでいますが、人間界で「悪人」とか「悪党」とか「ワル」と呼ばれる意味と、悪霊とでは意味が違います。

憑依霊はこの世に何らかの「怨念」「未練」「呪い」などを強く持ったまま死んでしまい、すんなりとあの世に入っていけない霊が、自分が浄化されて、霊界に自分の居場所を見つけたいために人間に憑依して、自分の願いをかなえようとします。

憑依された人間は、「病気」「事故」「不運」などに見舞われます。現れる形は決まっていません。

通常このような現象を「霊障」と呼んでいます。すなわち「霊による障害」現象のことです。これは見方を変えれば、霊の必死のアプローチです。自分は浄化されて霊界に入り、向上を続けたいのです。「悪霊」というと、怪談話に出てくるおどろおどろしい幽霊のような感じがしますが、実は霊界に居場所を探している哀れな存在といえないこともないのです。このような霊も浄化されて、あの世での修行の歳月をくぐり抜けて、高級霊に変貌して、人間の守護霊として私たちに寄り添う霊となるかもしれないのです。このような霊を一括りにして、霊学的には「低級霊」と呼んでいるわけです。

低級霊は、仏教的にいえば「不成仏霊」のことです。死して仏になるというのが仏教的教えですが、何らかの事情で仏になれなかった霊魂ということです。不成仏霊も浄化されることで、成仏することができるということになります。

どんな死に方をした霊が憑依霊になるか

霊学的には、人間は「肉体」「頭脳」「心」（魂・想念）という三つの要素から成り立っています。医学や生理学などの科学の分野とは異なります。生理学的には人間は肉体と脳の二つで構成されています。科学の分野では心と脳はイコールとして考えられています。科学では「心」というのは「脳」によって存在するとされています。

霊学的には脳によって生み出された心は霊魂であり、独立した要素なのです。むしろ霊学的には脳と肉体がイコールであり、心（魂）は別のものです。

霊学的にはこの三つの要素がバランスを保って人間の営みが続けられているのです。霊的生活における健康人とはこの三つがバランスよく機能していることです。

これから述べることはあくまでも霊学的視点であり、科学の常識ではないことをお断わりしておきます。

魂（心）が正常に機能していないときは、肉体と頭脳の健全な働きはありえません。あくまでも魂が主であり、肉体は従であります。洒落ていえば、「魂主体従」なのです。極論すれば、肉体は単に魂を包む殻《から》のようなものです。

人は時至れば、殻を脱ぎ捨てて魂だけとなり、永遠の命となって、あの世に旅立つということになります。

死とは肉体の滅亡であり、魂は古い殻（肉体）を脱ぎ捨てて霊界へ新たに誕生するということになります。

ゆえに霊の仕組みを知れば知るほど、死とは怖いものではなくなります。むしろ歓喜に満ちた旅立ちと考えることもできるのです。霊界に確かな居場所を見つけ、日々にさらに上昇しようとしている霊にとって、霊界は美しくも気高い安住の場所ということになります。霊界の霊は、人間界に戻って来ようなどとはつゆほども思ってもいないのです。

このように救われた高級神霊だけなら、人間界もより一層平穏で、心配ごとは起きなかったでありましょう。

救われた霊魂だけなら、大霊界に低級霊（憑依霊）は存在しません。したがって人間界に病人も少なく、不慮の事故も激減することになります。また憑依霊に人生を翻弄され、不幸のどん底につき落とされて、泣きの人生を歩む人も少なかったと思います。

死者の霊魂の全てが、死して霊界に入り永遠の命を得るわけではないのです。確かに肉体は滅びたのに、魂はすんなりと霊界に入れずにこの世と幽界をさまよい続ける霊もあるのです。中には自分の肉体が消滅してしまったのに、そのことさえ気がつかずにさまよい続ける霊魂もあるのです。

好んで迷える霊魂になったわけではなくとも、霊界に入り損ねますと、低級霊の烙印を

科学的にみた人間の姿
心
脳
心と脳は一体のもの
霊学的にみた人間の姿
心
肉体
脳
肉体と脳は一体だが、心（霊魂）は独立したものであり、霊的にはこの三つがバランスよく機能していることが理想押されて、人間に毛嫌いされます。それでもなお、迷える霊は救いを求めて人間に憑依するのです。それ以外救われる道はないのです。

霊学研究の学者の中には、数百年という長期間の後に自然浄化するという人もいますが、そのような霊とコンタクトを取ったことがないので、私自身はその点は不明です。

一般的には、死して、一定の時間（数日間）が過ぎると、霊界に入れなかった霊は、低級霊になったおのれの立場に気がつきます。人間の感覚でいえば、辛い苦しい絶望的な気持ちです。その苦しみから早く逃れたいので、低級霊は人間界の人間に助けを求めるということになります。

助けを求めるといったところで、霊界と人間界を結ぶ言語がありません。言葉に託して願いの筋を伝えることはできません。低級霊は人間に憑依して、人間にショックや苦しみを与えることで、おのれの苦しみを訴えるのです。

ところで、霊魂はどのような時に低級霊になるのか、今までの霊とのコンタクトの中で明らかになった点について述べてみます。

迷える低級霊（憑依霊）は、多くの場合、死ぬときの状況によります。社会に貢献し、万人に惜しまれつつ、見守られつつ亡くなった人は、決して低級霊に堕ちるなどということはありません。

異常な死、無念な死、突然の死、この世に未練を残した人、悪辣な生涯の果ての死……

このような死に直面した霊魂は、すんなりと霊界に入って行けずに低級霊となるのです。

●異常な死による低級霊

(1)戦乱で惨殺された武士
(2)殺人犯によって殺された人
(3)なぶり殺しにあった人
(4)反狂乱で自殺した人　　等

●無念な死による低級霊

(1)濡れ衣で処刑された人
(2)騙し討ちにあった人
(3)他人に陥れられて自殺した人
(4)この世に心残りを残した人　　等

●突然の死による低級霊
(1)突然の事故で一瞬にして亡くなった人（交通事故等）
(2)背後から惨殺された人　等

●この世に未練を残した低級霊
(1)幼い子供を残して死ぬ人
(2)仕事をやり残して死ぬ人
(3)冤罪のまま死んだ人　等

●悪辣な生涯の果ての死による低級霊
(1)多人数を殺した殺人鬼
(2)詐欺で相手を無一文にしてきた人
(3)人を罠にかけて殺した人　等

以上、思いつくままに列記しましたが、このケースに合致したからといって、その人が全て低級霊になるとはかぎりません。どんな死に方をしても霊界にすんなり入れる人もいれば、同じような死に方をしたのに、一方は低級霊になるということもあります。その違いは、いかなる理由によるものか、今のところ確たることは解りません。そのうちに私の守護神より、啓示をいただくかもしれませんが、今のところは不明です。経験から類推すれば、過去の生き方が大霊界の法則に合致しており、生前から霊界に導かれていたということなどが考えられます。そのような人は低級霊に堕ちやすい死に方をしたのに、すんなりと霊界の道が開かれていたということでしょう。

以上、低級霊になりやすい死に方を抜粋しましたが、それ以外にも多数の死に様があると思われます。上記は一つの類型と考えてください。また以上の例が、明確な原因というわけでもありません。

死者が生前立派な生き方をしていたから低級霊にならないとか、あるいは無頼な生き方をしていたために低級霊に堕ちたのだということも断言できません。生前の生き様とのはっきりした因果関係はないように思われます。

生前立派な生き方をしていても、思いがけない死によって低級霊とならざるを得ないということもあります。また、逆に生前、悪党の生涯を終えても、すんなりと霊界に入って行ける人もいます。この辺のところは経験で類推するだけで、確かな因果関係についてはわかりません。

霊には本来悪も善もありません。救われている霊か、救われてない霊があるだけです。もし、あなたが憑依霊につかまったら、すぐに霊魂を浄霊して霊を助けてあげることも、大霊界と表裏にある人間界の務めということもできるのです。

善い霊に好かれる体質をつくろう

憑依霊に見舞われやすいのは、やはり霊媒体質の人が多いのです。霊媒というのは、本来の意味は、霊魂と人間の仲立ちをする人のことです。具体的には、霊の想いを人間に伝えることのできる人です。このことについては、霊言霊媒の「いたこ」や「巫女」や「シャーマン」の例を引いて前述しています。

私たち霊能者は常に霊媒的な役目を果たしているし、霊能者というのは一般の人以上に霊媒能力の高い人です。絶えず霊と接触し、霊視をしたり、霊言を聴いたり、霊の意思を訊いたりし、時には神霊治療を行う霊能者が、霊媒能力が低くては、その力を発揮することはできません。

霊媒体質は、生まれつきもありますが、修行や訓練でも身に付けることができます。人間は多少なりとも、生まれつき霊媒能力を身に付けているものです。

浄化されていない霊が多数浮遊している場所などに行くと、背筋が寒くなったり、気分が悪くなったりするのは、内に秘めている霊媒能力が反応したのです。逆に神霊の気がみなぎっている場所に行くと、心が洗われたような清々しい気分になるのも、生まれつきの霊媒能力が反応したということになります。

霊には幾つかの性質があります。今まで随所で述べてきたことですが、改めて整理をするつもりでピックアップしてみます。

力の弱い霊は力の強い霊に引き寄せられる

これは、一つの大霊界の法則です。霊はいつも高い位に上昇しようとしています。自分よりエネルギーの強い霊に同化して、自分も高い位に上昇しようとするために引き寄せられるのです。人間世界で自分より優れた人に憧憬を抱く心情に似ているような気がします。

●霊は同じ波長を持つ人間に憑依する

これも霊の法則です。霊能者はだれもが霊媒体質を持っていますが、憑依霊によって霊障を受けることはありません。なぜなら霊能者は低級霊の波長と似ていないからです。どちらかといえば、私たち霊能者は、神霊の波長に合わせて暮らしているのです。そのために低級霊に憑依されることはありません。しかし、こちらの意思で低級霊に接触することはできます。低級霊と意思の疎通《そつう》をはかることもできます。一般の人は、運気が極端に低迷していたり、大きな悩みごとやマイナス思考を抱いているときに、低級霊の波長と類似の波長が出て、憑依霊のターゲットになります。

●低級霊は陰気な心象風景を好む

波長を作り出すのは人間の想念です。陰気なことばかり考えていれば、当然ながら陰気な気分が作り出す波長になります。霊体の作り出す波長は電波のように図形で表すことはできませんが、相当に繊細な波形であることは想像がつきます。微妙な波形の類似によって、低級霊は自分を受け入れてくれる人間を探し当てるというわけです。

●低級霊がいたずら心で願いをかなえることもある

低級霊はまともな祈りに対して応える力はありませんが、安易な願いや奇妙な願いに、いたずら心で応じることがあります。例えばパチンコの出玉をよくしてほしいなどという願いに応えてくれることがあります。また、あの人に怪我をさせてほしいなどという、マイナスの願いに応えて標的にされた人が、つまずいて転ぶなどということがあります。しかし、このように自分の要求が通ったからといって、自分にはすごい霊が付いているなどと考えて、低俗な要求を続けないことです。

憑依している人間に認められていると錯覚した低級霊は、次第にマイナスの力が強力になっていき、その結果、病気や悪運という形になって願い主にはね返ることがあります。調子に乗ってよからぬ願いを低級霊に押しつけないことです。

以上のように、霊の性質はいろいろです。私たちは多種多様な霊に囲まれて霊的生活を送っているわけです。それが大霊界の法則なら、善い霊に好かれて幸せな道を歩むことが利口な生き方といえるでしょう。

高級霊には、大筋では健康を授けてくれたり、運勢を強くしてくれるのですが、その外にもさまざまなサポートがあります。私の霊研究の資料によれば、高級霊の中には商売を助けてくれたり、研究に手を貸してくれたり、運動能力をサポートしてくれたり、技術に磨きをかけてくれたりする霊魂もあります。神霊研究の学者の中には、そのような霊を「指導霊」と呼ぶ人もおります。

事業家や商売人にビジネスをサポートするような霊が寄り添ってくれれば、会社は隆盛、商売繁盛が期待できます。また、学者に研究に手を貸してくれるような霊が寄り添ってくれれば、研究の方法にひらめきを与えたり、実験のアイデアを提供してくれるかもしれません。研究成果は確かなものとなります。あるいはスポーツマンや武芸家に運動能力を引き出してくれる霊が寄り添ってくれれば、オリンピックもワールドカップの出場も夢ではありません。さらには技術を向上させる霊が、職人やエンジニアに寄り添ってくれるなら、ますます技術が向上し、生み出される作品に磨きがかかるかもしれません。

このように、善い霊を呼び込むことができるなら、あるいは、栄光の人生を歩むことができるかもしれません。

霊界の法則は整然としていて、スポーツ嫌いの人間に運動能力をサポートする霊が寄り添うことはありません。あくまでもスポーツに精進している人に寄り添うのです。他も同様です。研究者に商売をサポートする霊が寄り添うこともありません。あくまでもその道に精進している人にその道の指導霊が寄り添うのです。

しかし、まれに千分の一程度の確率で、進むべき道と異なる霊が寄り添うことがあります。この場合、その人が隠された能力として別な才能を持っているからに他なりません。ある場合、進路を途中で変更して、突然、頭角を表す人がいます。これは進むべき道と異なる指導霊が寄り添って進路を変更させ、それが見事に実ったということです。

事業家から学者になったり、学者がプロのスポーツマンに転向したりというケースがないわけではありません。しかし、それは非常に珍しいケースです。そのようなことで人生半ばで進路が変わり、成功したとすれば、隠された才能が霊界の法則によって発見されたということになるのかもしれません。

当然のことだと思うのですが、その道に精進している人に、その道の指導霊が付くわけで、遊び暮らしていて、人生に何のビジョンを持っていない人に善い霊が寄り添うわけはありません。より高い目標に向かって精進している人に、さらに高い目標に近づけるように霊がサポートしてくれるのです。

何の努力も目的も持たない人に霊が手を貸してくれることはありません。その点、霊界の法則は厳格といってよいくらいです。努力しようという前向きな心に善い霊は引き寄せられるのです。

努力しつつ絶えず霊にコンタクトしてください。ある日、あなたを引き上げてくれるラッキーな指導霊が寄り添って来るかもしれません。

軽い気分で霊能者気取りをすると低級霊に狙われる

私のところに五十代半ばの女性が訪ねて来たことがあります。突然、夜中に金縛りにあったり、幻覚が見えたり、時折、ひどい頭痛に悩まされるというのです。症状が起きたのは半年くらい前で、病院にも行って診断も受け、薬も飲み続けているということです。脳外科、心療内科、神経科を回り、ＭＲＩなどで精密検査もしたというのですが、特別な病変は見つからなかったというのです。途方にくれたあげく私のところを訪ねてきたというわけです。

私はいろいろお話を訊いてから、霊視しますと、驚いたことに複数の低級霊が憑依しているのです。複数というより、多数の霊が憑依しているのです。

正直なところ、これは珍しいケースです。私はこのケースは初めて出会いました。これだけ多くの低級霊が憑依していれば、当然ながら、いろいろなところに不調な箇所が出てきて当然です。むしろ、この程度の霊障ですんでいるのが不思議なくらいです。自動車事故で大怪我をしたり、運命が下降線をたどり、人生が悪いほうに激変しても仕方がないような危険な状態にあるといってもよいくらいです。

このように、おびただしい数の低級霊が憑依するのはいかなる理由か、私も体験したことがないので首をひねりました。

私は激しい気合いとともに浄霊をいたしました。日神会の場合はいかなる数の憑依霊といえど瞬時に浄霊いたします。

その日の一回目の治療が終わりますと、患者は頭痛がなくなったといって喜んで帰っていきました。

これから数日間、続けて治療に来るようにいったのですが、彼女はその日から訪ねて来なくなりました。どうしたのか気がかりだったのですが、次々に新しい患者が訪れるので、彼女のことだけを気にかけているわけにはいきません。

正直な気持ちとしては、多数の低級霊に憑依された患者は、私にとって初めての経験だったので、私には霊研究の上で興味のある事例でもあり、最後まで見届けたいという思いはありました。しかし、患者が来ないのですから仕方がありません。

一カ月ほどは、時折、ふと《彼女はどうしているのだろう？》と心のへりをよぎることがありましたが、そのうちに日々の多忙に埋没し、彼女のことは思い出すこともなくなっていました。

年の暮れも押し詰まっているときでした。突然、若い女性の声で私宛に電話がかかってきました。名乗った名字があのときの女性と同じだったので、関係のある人だと思ったのですが、電話は本人ではないので少し心配しました。電話も自分でかけられないくらい大変な事故か病気になったのではと思ったのです。

電話をかけてきたのは例の女性の娘さんでした。一カ月前に、家で大掃除をしているときに踏み台から転落して、複雑骨折をしたそうです。救急車で病院に運ばれ、半月ほど入院して退院したというのですが、まだ足に痛みがあって自力では歩けず、車椅子の生活をしているというのです。

電話をしてきたのは、本人にひどい頭痛があり、神霊治療をしてほしいとの訴えでした。

入院中から頭痛を訴えていたそうですが、病院側は一通りの検査で、特別に異常が発見できず、足の痛みと頭痛を混同しているのではないかと医師に言われたそうです。痛み止めの薬を何度か替えてみたというのですが、ほとんど効き目がないということでした。

私は電話で娘さんが語る症状を聞いて、すぐに霊障であると判断しました。何しろ、おびただしい数の憑依霊を憑けた状態で暮らしていたのですから、再びどんな霊に取り憑かれるかわかったものではありません。

私は、すぐにでも来るように言いました。その日の午後一番に車椅子ごと乗れるタクシーでやって来ました。もちろん付添いは娘さんです。

本人は電話で話せないわけではありませんが、一度来たきりで、連絡もせずに足を向けていないので、電話がしにくく、娘さんに電話をさせたということでした。

「あの日、神霊治療を受けてひどかった頭痛が嘘のように痛みが取れたので、てっきり治ったものと自分で勝手に判断しました」と、本人は語りました。

彼女は長い間頭痛に苦しんできたのが、治療後、痛みがなくなったので神霊治療はこれで終わったものと判断したようです。私がしばらく通うようにといったのは、治療費を稼ぐためと誤解したふしがあります。

その日、霊視しますと、以前にも増して憑依霊の数が増え、より悪気の力が強い霊が憑依していました。

転倒して骨折したのも低級霊の霊障です。いろいろ生活上で起こるマイナス面を訊き出しますと、恐ろしいことが幾つも彼女に迫っていたのです。

特に私がぞっとしたのは、車を運転中、踏切の一時停止の時、一瞬意識を失ったという話でした。すぐに正気に戻ったということですが、もし、これが踏切の中で走行中だったらと考えると身の毛がよだつような話です。このときもすぐに医者に行ったそうですが、検査では異常が発見されず、疲れていたのでしょうと言われただけでした。

この辺りで霊障を疑ってもらえばよかったのですが、一度も彼女は霊障については思い至らなかったようです。

他にも、無意識に万引きをして捕まったり、電車の網棚にお金の入った手提げ袋を忘れたり、突然、原因不明の蕁麻疹《じんましん》で苦しんだりと、霊障を疑えるような事例を数々体験しているのです。

一度は私のところに神霊治療を受けに来たのですから、霊障について無知というわけでもないと思うのですが、なぜ、いろいろなマイナス現象と霊障を結びつけないのか、私には不思議に思われました。彼女の告白によってその謎が解けました。

彼女自身、自分を力のある霊能者と自惚れていたのです。自分は優れた霊能者であるから、憑依霊などつくわけがないと考えていたのでした。それなら、なぜ神霊治療を受けに来たのかということですが、彼女には神霊治療について、憑依霊の浄霊という確かな認識がなかったのです。

病気を治すのは医師か霊能者と単純に考えていたのです。それまで、彼女も近所の人の病気を治してやったりしていたようです。彼女自身には神霊治療の確かな概念もなく、霊能者は病気を治せる力があるという程度のお粗末な考えしかなかったのです。

霊障という言葉や、憑依霊についてはあまり知識がなく、狐や狸の霊、蛇などの祟りで病気になると考えていたようです。彼女が病気の人を霊視すると、背後に狸や狐の影が見えるというのです。

「私は近所の狐憑きの子供を助けてあげたことがあります」

彼女は得々として私に語ったのです。

彼女は、小さいときから、特異な才能があると生まれ故郷の近郷近在の評判だったようです。死ぬ人を予言したり、不吉な前兆を予告したりしたそうです。このような特異な才能を家族は気味悪がって世間体をはばかり、ひた隠しにしていたようです。

中学に入ると、そのような気配はなくなり、平凡な少女時代を過ごしたようです。高卒で上京し北関東の中小企業に勤め、数年後、現在の夫と職場結婚しました。それから一男一女を授かりました。その時期までは平凡な女性の半生でした。

最初は共稼ぎをしていましたが、子育てのために退職しました。やがて子供の手が離れる頃に、自宅を改造して惣菜屋を始めました。自宅は東京のベッドタウンで、若い共稼ぎ夫婦の家庭が増えて、惣菜屋はそんな若夫婦に重宝がられて思いがけなくも予想以上の繁盛をしました。彼女は味付けに天性の才能があり、共稼ぎの若夫婦ばかりではなく、近所の家庭からも、買いに来るお得意さんが何軒もありました。

買いに来たついでに奥さん同士が店先で世間話をするというのは、どこにもある風景です。その惣菜屋は田舎の小さなサロンの役目も果たしていたのです。そんなある日、顔なじみの奥さんが大事な預金通帳を紛失したと彼女に訴えました。

「カードがあるから不自由はないけど、再発行してもらいに街の銀行まで明日出かけますわ」と、彼女に何気なく話しました。

そのとき、不思議にも彼女には、突然奥さんのキッチンが目に浮かんだのです。彼女は一度もその奥さんの家を訪ねたことはありません。それなのに、キッチンの左下の戸棚の一つだけがはっきりとした像を結んだのです。

「あなたのお台所にこんな戸棚がない？」

彼女は広告の紙の後ろに鉛筆で書いて見せました。

「あるある……、どうして判るの？」

訊かれれば、答えないわけにはいきません。彼女は幼いときの特異体験を奥さんに告白しました。たまたまその手の話が好きな奥さんで、興味深げに話を聴き終わるや急いで帰っていきました。

すぐに電話がありました。

「預金通帳あったわ。あなた、すごい霊能者ね！……」

田舎街の小さな惣菜屋が、霊能者の相談所に変わってしまったのは、それから幾月も経ちませんでした。噂はまたたくまに広がって、惣菜を買いに来る人より、相談に来る人のほうが多くなったのです。県内ばかりか、東京や他県からも訪ねて来る人がありました。

家族は反対するのですが、人々が押しかけて来るのですから仕方がありません。

失せ物、捜し物、家の方角、見合い相手との相性、家出人の行方、町会議員選挙の当落の予想、病気治し、狐の御祓い、ギャンブルの勝敗予想……と、ありとあらゆる難問愚問が押し寄せてきました。

不思議なことに、六割ぐらいの確率で彼女の答えが的中するのですから、ますます評判が高くなっていきました。

彼女の告白を聴いて、私は、彼女におびただしい数の低級霊が憑依している原因が判りました。前述したように、低級霊は奇妙な願いに反応してその願いを訴えた人に憑依して来ることがあることはすでに判っていることです。おそらく、預金通帳の場所を教えてくれたのも低級霊だったに違いありません。

彼女はもともと、霊媒体質だったのです。幼いときに奇妙な予知予言に特異な才能を発揮したのは、背後の霊がいたずら半分に彼女に働きかけたのでしょう。憑依霊は自分のキャッチしている情報を彼女にストレートに送信したということが考えられます。

途中で、そのような特異な才能が開発されることなく、無事に少女時代を乗り切ったのは、いかなる理由か、時間が経ち過ぎて確かなところは判りませんが、おそらく、彼女に分別ができて、そのような霊の働きかけに対して、自分で反応しないように心にブレーキをかけていたためと思われます。

そのまま、自分の霊媒体質を解放しないで過ごしていれば、あるいは高級霊が守護神となって彼女に寄り添ってくれたかもしれないのに、ふと、霊媒体質を表面に露出したために、低級霊のターゲットにされたものと考えられます。

確認できただけで、十六体もの低級霊の霊障を受けて苦しまなければならなかったのは彼女の自業自得といえないこともないのです。

それから、彼女は何度か速神浄霊を受けて、健全な体質づくりに成功いたしました。二回めに車椅子で来たときですが、浄霊が終わった途端に彼女は車椅子を使わずに歩けるようになっていました。頭痛は二回めの速神浄霊で完全になくなりました。完全に全ての霊を浄化した今、おそらく、今後、不本意な悪い現象に遭遇することはないと思います。

彼女は期せずして、霊界の奥深さにふれる機会を得て、改めて大霊界のことを勉強しようと、日神会の会員になって自己浄霊と瞑想の日々を過ごしています。といって、再びプロの霊能者になろうとは思ってもいません。第一、神霊治療が終わり、全ての憑依霊が浄化され、除霊された後、彼女は従来の霊媒体質が変化し、霊能力が消失してしまったのです。

善い霊に複数寄り添ってもらい人生の勝者に

前項で述べたように、霊は一人の人に複数の霊がつくことはお解りいただけたと思います。百パーセント確かというわけではありませんが、高級霊と低級霊が同時に憑依するということはないように思われます。研究者の中には、プラス霊とマイナス霊が同時に憑依することがあると述べている人もいます。私の研究では、そのような事例に当たったことはありません。

霊には弱い霊が強い霊に引き寄せられるという性質を持っていますが、それは、一時的な現象であり、高級霊と低級霊が同時に同居するということはありません。波長が異なる高級霊に対して、低級霊が霊能者の力も借りずに、同じ人間に寄り添うということはありえません。霊能者が特別の意図を持って作為的に高級、低級を同一の人に憑依させようとすれば可能かもしれませんが、そんなことをする必要はないので、まず、ありえないと考えてください。

人生を順風に生きて行きたかったら、高級霊に寄り添ってもらい、その時々に力を貸し

善い霊、高級霊に寄り添ってもらい、
霊の力を貸りて、人生の勝者になる。

てもらうのが何よりです。

その人の生涯を見守る守護霊は、大霊界の法則では一つの霊ですが、その時々の行動において、その分野に力を発揮する霊に力を貸してもらうことはできるのです。

例えば、学業を続けながらミュージシャンの道を志すのなら、学問に力を貸してくれる霊と音楽の才能をサポートしてくれる指導霊が寄り添ってくれれば、成功の最短距離を走れるかもしれません。

学業を続けながらの音楽修行は辛いかもしれませんが、学業を助ける指導霊がサポートしてくれれば、勉強に身が入り、短時間で効率のよい学習ができるかもしれません。同時に音楽の才能をサポートしてくれる高級霊が寄り添ってくれれば、才能の開発によって、技術の習得や進歩はもとより、関係者の目にとまるように霊は援護してくれる可能性があります。

具体的には、自分の音楽活動が、音楽評論家やテレビ、ラジオのプロデューサーなどの目にとまり、今まで知られていなかった才能を見出してもらい、デビューがとんとん拍子に運ぶことだって考えられます。

運とかツキは大宇宙、大霊界、人間界を支配する絶対者の加護によることもあるのですが、高級神霊の導きによって運気が強くなったり、ツキに恵まれて運命が好転することが圧倒的に多いのです。

才能があるのに時流に乗れない、いまいちチャンスが巡って来ないなどという人を霊視してみるとほとんど霊の助力がない人です。

人間の力などはどんなに優れている人といってもたかが知れています。それなのに、出世や幸運に差が付くのは出世には見えない力が働いているということは考えられませんか？　自分一人の力で出世できたと考える人は相当に傲慢な人です。多くの成功者は「私は運がよかったのです」と述懐しています。

その「運」というのが、高級神霊のサポートなのです。

それぞれの分野で複数の高級神霊を自分に取り込み、他人より一歩進んだ結果を出せるようにするべきです。

Part. 7

死後の世界で永遠の生命を得る

死後の世界を確信して現世を生きる

霊の実在を確信し、霊的生活を送る者にとりまして、死後の世界は、いずれの日にか体験しなければならない厳粛な現実であります。

死というのは、生理学的には脳が働きを失って、あらゆる肉体的機能が停止することですが、霊的生活を実践している者にとりましては、死は、もっとも重要な霊的体験ということになります。すなわち、霊魂は肉体の死によって大霊界での魂の修行が始まるのです。それはまさに新たな魂の誕生といってよいかもしれません。

生理学的には、死は全てが無に帰し、肉体は単なる物質に変貌することです。ところが霊学的には、死は肉体という衣服を脱ぎ捨てた魂が、永遠の生命《いのち》を得て大霊界で再生するということでもあります。

霊学的には死は生命の終着を意味するものではありません。新しい生命の誕生と理解するべきものです。大霊界の法則に即して考察すれば、大霊界の何十億年、何百憶年という悠久の時間からみたら、人間の生涯はまぶたの瞬きのような一瞬の時間でしかありません。霊学的に本当に生きるということは、霊界に入った魂が、悠久の生命体として誕生してから始まるのです。

死の瞬間を体験して、何らかの事情で生き返った臨死体験者の証言は、世界中にたくさん残されています。

学問の世界でも「霊魂不滅説」については論じられています。また、仏教でも悟りの一つの方向づけとして、人間の生まれ変わりを説いた「輪廻転生」があります。

学問や宗教上で論じられる「霊魂不滅」はある意味で仮説でしかありません。真の霊魂実在は、大霊界の法則によってのみ明らかにされるものです。

確かに、臨死体験者の手記は興味深いものがたくさんあります。私自身も、研究のためにコレクションした独自の資料を持っています。しかし、霊界の話や臨死の話は霊学の根本からはずれた興味本位のエピソードにしか過ぎないというのが私の見解です。

確かな真理として、霊界は実在しています。それはエピソードや仮説によって裏づけられるものではありません。実在そのものを確信して現世を生きることが大切なのです。霊界に対して、それ以外の興味を抱くのはあまり意味のあることではありません。

霊界探訪は、外国のツアーとは違います。どこにどんな名所があり、遺跡があり、どんな世界遺産があるかなどと、好奇心で巡る世界旅行と、霊界の存在を確信することとは大きな違いがあります。

あの世で清らかな修行の幾百年、幾千年を過ごす大霊界の法則こそが、人間社会を生きるための勇気と指針になるのです。

死して人間は「無」となり、霊魂は雲散霧消して、虚無の中に埋没すると考えるところからは何も生まれません。

霊魂は未来永劫につながっていて、人間界、大霊界、大宇宙の中で存在し続けると考えることで、現世の生きるよすがとしなければならないのです。

短い時間で人間界にしるした足跡は微小でしか過ぎませんが、大霊界、大宇宙に続く霊魂の旅は輝かしい栄光とともにあります。

迷いや罪を消して霊界に入る

宗教的な考え方として、人間はそもそも生まれながらにして罪を背負っているという考え方があります。キリスト教の教えで、すなわち「原罪」のことです。また仏教では「因縁」

として、引きずっている「業」の存在を説いています。キリスト教にしろ仏教にしろ、俗な言葉でいえば、人間は生まれながらに罪深いものだということをいっているわけです。宗教的な信仰の実践として「原罪」や「業」を消滅して「天国（極楽）」に入るというのが救いの原点になっているわけです。

余談になりますが、なぜ人間は生まれながらにして罪を背負っているのでしょうか。これは、先祖の罪状が子孫に「因縁」として伝えられているからだと考えられるのです。

人間誕生以来、人は、現在に至るまで何十万人という先祖をいただいています。私たちがここに存在しているのは、何十万人という先祖の因縁によってもたらされているのです。おびただしい先祖群の中には、人格高潔にして徳を積んだ先祖だけではありません。戦乱の中で敵を殺害した人や、生存競争で心ならずも人を蹴落とし、踏み台にしてのし上がった先祖もいるに違いありません。

このような先祖の犯した罪状が、積もり積もって現在の自分に伝えられているのが「因業」であり「原罪」ということです。先祖の報いのほかに、前世で自分が犯した罪も現在の自分に因縁消滅を求めてきていると述べている例もあります。

宗教的な教えの論理よりも、霊学の考えのほうがシンプルです。よりリアルだといってよいかもしれません。

先祖の念（想い）は、大別すれば、子孫を導こうとしているための想いか、子孫に助けてもらいたいための想いかのどちらかです。

子孫を導こうとしているのは高級霊であり、子孫に助力を請う霊は低級霊ということになります。

私たちは、人間界に生きている間中、先人の霊の想いと向き合いながら、霊の想いに耳をかたむけて生きて行くということです。その行為と姿勢こそが霊的生活の実践ということになるのです。

私たちはなるべく子孫に悪いツケを残さないように、身辺を清潔に、悪事を行わず、低級霊の浄化を積極的に行いながら生涯を全うしたいものです。

いよいよ、肉体という衣を脱いで、霊魂となってあの世に旅立つということになったとき、現世に想いを残したり、未浄化霊を置き去りにしたままでは、あなたの霊魂がすんなりとあの世に旅立てるかどうか判ったものではありません。

この世の迷いや未練は魂の旅立ちには有害無益です。全てを浄化して、無垢な魂となってあの世に旅立つことが大切なのです。

現界の暮らしは霊界へ至る修行期間である――霊的人生論

真の魂の再生は死によって始まると前述しました。これは人間にとって、大霊界という壮大なドラマの厳粛なプロローグです。

現界と霊界は表裏一対《いっつい》のもので、大霊界の法則では人間は現界で修行して、その果てに霊界に入り、霊界の修行を経て、いつの日か高級霊に昇華して、やがて神格を得て永遠の魂に転化するというのが霊界のドラマの筋書きです。

人は好むと好まざるとに関わらず、大霊界の法則によって、現界での修行を強いられているのです。霊界と現界が一対である限り、それは拒否できない真理なのです。

わが身に降りかかるさまざまな苦難、それこそが修行なのです。つらいこと、悲しいこと、苦しいこと……、これでもか、これでもかというように押し寄せてくるのは、霊界に入るための修行なのです。

なぜ自分だけがこんなつらい目に合わなければならないのか……と、単純に考えると、ばかばかしくて、「こんなこと、やってられないよ」とわが人生を恨みたくなります。ところが、この苦労はあなた自身のためにやっていることなのです。あなたが苦労すればするほど、数多くの低級霊が浄化して、あなたの霊格は向上します。それは取りも直さず、あなたが霊界で確かな位置を確保することにつながるのです。

あなたに降りかかる苦しみは、前世で自分の犯した罪や先祖の罪を、この世（現界）で消滅させられているのではないかと考えることができるのです。それが大霊界の真理なら、与えられた辛さ苦しさに耐えなければなりません。それが修行です。

背負わされた苦悩が重い分、その重さに比例して罪障が消滅されていると考えて精進してください。その結果、あなたの霊界への道が開かれているのです。

生きることに緊張感も厳しさもない生涯は、霊的生活において、修行を知らずに過ごしたということになります。

生きようとする自分の暮らしに、何の抵抗も、行く手を阻む邪魔もなく、苦しみも悲しみも知らず、春風駘蕩《しゅんぷうたいとう》の如き毎日を送って一生が終わった人がいたとしたら、おそらく、霊界に入った後でも、低い位の位置しか与えられないと思います。そのような、この世で太平楽に暮らして霊界入りをした人は、それからの長い年月、霊界で修行をやり直す歳月が待っているということになります。

現界（この世）は、苦しみつつ、霊に助けられ、霊を助けて生き抜くところなのです。自分に襲いかかるあらゆる苦難や苦痛は、現界での修行と考えて耐えることです。修行期間なのですから、よいことばかりがないのは当然です。

戦国武将の山中鹿之助の作といわれていますが、彼は《憂きことのなおこの上に積もれかし限りある身の力ためさん》と歌いました。

歌の意味は「もっと私に苦しみやつらい出来事をお与えください。限りがある身ではございますが、どれだけの苦しみに私が耐えられるか、試してみたいのです」といって神仏に祈ったのです。

霊的生活における現界の修行というのは、まさにこのような決意で行うべきなのです。「もっと光を」ではなくて、「もっと苦しみを」と祈ることが、霊的生活の修行の心構えなのです。

先祖の残したおびただしい数の罪や穢《けが》れ、自分が前世で犯した間違いが、そんなに簡単に浄化されるとは思えません。それこそ、血みどろの苦痛に耐えて初めて、あがなわれると考えたほうがよいのです。

罪障の消滅は、先祖の残したツケを、自分が苦しむことによって支払わされていると考えることができるのです。たくさんのツケが残されていれば、その分苦労してあなたが払わなければなりません。債権放棄、相続放棄などという洒落た話は霊界には通じません。あなたが今、苦しみのただ中にあれば、先祖や前世の罪滅ぼしをしているのだと考えて、自暴自棄になったり絶望してはなりません。

よりよい来世のために、今を苦しみつつ、寄り添う霊とともに目前の困難を乗り切ることが、あなたの来世にとって必要不可欠な霊的生活ということになるのです。

永遠に続く死後の世界——迷走し続ける霊たちの存在

半ば霊学の常識なのですが、霊界には終わりが来るということはありません。すなわち無限の存在なのです。この世には終わりのないものは存在しません。形あるものには、いつか終わりが来ます。地球もまた永遠ではないということです。仮説としては、いつの日か地球は消滅する星だといわれています。

しかし「霊界」は、この世の形あるものが全てが無に帰したとしても、永遠に存在し続けます。ゆえに霊魂は霊界とともに永遠不滅なのです。この世は儚《はかな》い、されど霊界は未来永劫に存在し続けるのです。人間は儚い命です。されど霊魂は永遠なのです。

霊魂となって霊界に入れば、限り無い時間を過ごしていくことになります。何万年、何十万年……、常識的感覚では実感できないほど長期間、霊界に住み続けるのです。それゆえに、私たちは救われた霊魂として、あの世に入って行くことが大切なのです。途方もなく長く続く霊界の時間。もし、救われずに未浄化霊として死ぬようなことになれば、永遠の時間を苦しみつつ過ごさなければなりません。救われず霊界にさまようことになれば、未来永劫、無限の時を苦しみ続けなければならないということになります。

人間界には「難民」という言葉があります。戦乱、災害などで住む土地を追われたり、失ったりして、安住の地を求めてさまよい続ける流浪《るろう》の民を難民と呼んでいます。疲労の色を浮かべ、悲しみをたたえた眼の色、食料も水もなく、国境から国境へと続く人の群れ、難民……。

難民を救われない霊になぞらえるのはいかがかと思いますが、霊界をさまよう霊のイメージを人間界の具体的現象で説明するとなると、低級霊は、まさに流浪の民なのです。

霊界に確かな場所を確保できなかった低級霊は、霊界と人間界をうろうろしては自分の苦しみを訴えるために、人間に憑依しながら永遠にさまよい続けるのです。

私たち霊的人間は、現界の修行を終えて、心残りなくあの世に旅立つということが絶対的に必要なのです。

低級霊とコンタクトを取って、霊魂の想いについて訊いてみると、痛みのためにうめきながら救いを求める霊もあります。すでに肉体が消滅しているので、霊魂そのものに痛みがあるわけではありませんが、槍で太股を刺されて死んだり、交通事故で片足を切断して亡くなっている霊魂が、何百年という間、痛み苦しみに呻吟《しんぎん》しながらさまよっているのです。死の瞬間に、痛みの感覚が霊魂に刻まれ、あの世に引きずって来ているのです。刻まれた想いが激しい痛みであり、「痛い、痛い」と霊は訴えているのです。

霊の引きずる苦痛は、肉体的な痛みや呼吸困難だけではありません。精神的な孤独感、恨みの念《おもい》、屈辱感、恐怖感など多種多様です。どんな想いであれ、何百年、何十年と苦しみの想いを引きずってさまよい続けているのです。

さまよう低級霊の苦しさは、筆舌に尽くせないものがあります。このような未浄化の霊たちは、霊界の入口に数え切れないほど乱れ飛んでいます。イメージとしては、まさに住むべき場所もなく、国境を閉鎖されて行方あてなくさすらう難民のようなものです。

つくづく思うのですが、死して後、霊界にシャットアウトされてさすらう霊にはなりたくないものです。とはいっても、浮遊霊になったり地縛霊になるのは霊の責任ではないのだから困ったものです。

霊の法則を知るにつけても、この世に生きている限り、できるだけ多くの霊を浄化させてあげるのも、人間の務めだと思わずにはいられません。このような可哀相な霊を浄化するためには、あなた自身、自己浄霊の歳月を続けながら、人生の困難をわが身に受けて、突きつけられた問題を誠実に一つ一つ解決して行くということです。

天国、浄土は霊界の憧憬ビジョン

霊界に旅立つのは外国旅行とは違うのだと前述しました。外国旅行のガイドブックにはカラー写真で美しい風景が紹介されています。そのガイドブックで旅情を刺激され、旅への憧れがかきたてられます。青い海、緑の草原、彩り豊かな街並み……など、日本的風景とは異なるエキゾチックな外国の風景に魅せられて旅立つわけです。

霊界の風景は旅行ガイドのパンフレットとは根本的に違うものです。霊界は人間の行きつく究極の場所といえるかもしれません。ある意味では、旅行のパンフレット以上に気になる風景かもしれません。よく判りますが、霊界の風景を語るのは非常に難しいということです。

多くの霊とコンタクトを取って、霊の想いを訊くことがあるのですが、霊の置かれている霊界の風景にまで言及することはほとんどといってありません。緊迫している霊とのコンタクトの最中に「ところで今あなたはどんなところに住んでいるのですか?」などと訊くのは、タイミング的にありえないのです。また、霊界の風景を調べるために、そのことだけで霊とコンタクトを取る気には私はなれないのです。

霊界の風景について書かれたたくさんの書物もあります。研究のためにそれらの書物も読みましたが、書かれている内容で、どうしても信じることのできない点がいくつもあるのです。

実際に霊界に半年間暮らして戻って来たという人は、いまだに存在しないわけですから、現界に生きている人から話を訊くということはできないわけです。肉体という衣服を脱ぎ捨て、霊魂と化した人があの世から戻れるはずはないのですから当然の話です。

死の間際に蘇生した人は世界中にたくさんおり、いろいろな証言をしています。しかし、その証言も微妙に違います。

多くの例で共通しているのは、川が流れていることや、きれいな花が咲き乱れているというようなことです。花の名前はほとんど特定されていません。臨死者の証言もどこまで信じられるかはっきりとは断言できません。何しろ、それを裏づける証拠となる写真があるわけでもないので、その人の言葉を信じるしかありません。

臨死体験者は、死の淵から生き返って来たわけですから、肉体は異常を来していたに違いありません。川やお花畑を見たという証言は、死に際しての異常な状況で見た幻覚ではないのかという疑いも生まれます。

体験者の報告も、当然ながら百人百様です。非常に似た体験もありますが、かつてだれかに聴いた話が記憶の中に潜在的に残っていたということも疑われます。霊界の風景についても、山も丘も色彩に満ちていると語る人もありますが、モノクロ写真のような風景で、色がついていない世界だという人もいます。どちらの話を信じるかですが、どちらの話にも不審な点がたくさんあります。

心霊研究家の中には、この世にある動物、植物、建築物、乗り物に至るまで霊界にはそろっているという人もいます。

地獄に対して、極楽浄土（仏教）、天国（キリスト教）という言葉があります。いずれも宗教的な教えとして語られている言葉です。死して人間がたどるべき道に天国や極楽、地獄や魔界があるということです。

宗教的教えは、現世で悪業を行った者は、死して地獄に堕ちて苦しまなければならないという教えです。それゆえに現世で徳を積み立派な生き方をすれば天国に行けるという考え方です。宗教には人間を教化するという目的がありますから、善い行いにはよい報いがあり、悪い行いには悪い結果があると教えるのはもっとものことです。仏教には因果応報という教えがあります。自分の行いにはそれに応じて結果があるということです。仏教の地獄・極楽は因果応報を図解したものです。

それはそれとして、天国や浄土、極楽は光に満ちた楽園として描かれています。これは、人間が死んでから自分の行きたい場所としての憧れの風景ということでしょう。あのような場所に行けるなら死ぬのも悪くはないと人々は考えます。

だれだって、死んでから美しく清浄な場所に行きたいにきまっています。死んで薄暗く冷たい場所に行きたいとはだれも思いません。

死後においての自分の憧れの場所としての極楽であり天国です。もちろん宗教的教えとしての極楽や地獄は信仰心を持続させ、正しい生き方を教えるための教化的物語としての浄土と地獄です。信仰心の厚い人々は、そのことを信じて現世での善行や功徳を積もうとしました。死後、憧れの浄土に行きたいからです。

私は霊とのコンタクトで私なりの霊界の風景というものを持っています。また、初代会長「聖の神霊位（隈本確）」から教示された霊界の風景についても脳裏に刻まれています。しかし、私の考えとしては、霊界の風景というものは、確定的に申し上げるべきではないと考えています。なぜなら、先人たちが語り残した霊界物語は、あまりにも多様であり、それらと異なる霊界を語ることで、人それぞれに胸に描いている霊界が色あせたり、つまらなく見えてしまうことは霊学的に無意味なことだと思います。くり返し申し上げたように、霊界は外国旅行のカタログとは根本的に違います。それぞれのイメージとして定着している霊界はその人のものです。

あえていうなら、大霊界は広大無辺です。山あり谷あり、川が流れているというような箱庭的なものではありません。

霊界が荘厳の気に満ちているというのも確実です。霊界に集まっている無限といってよい数の霊たちは、荘厳な気が満ちている場所で来る日も来る日も、さらに上の位に上昇して行くための修行に明け暮れています。このことも、ほぼ間違いはないようです。

ほとんどの霊は現界にあったときのことを思い出したりはしません。現界の未練に引きずられているのは霊界の外で浮遊している低級霊のみです。あの世に確かな場所を見つけた霊魂たちは、人間世界に戻りたいなどと考えている霊は一体もありません。人間の感覚でいうなら、霊界の修行に明け暮れて充実した日々を送っているのです。

人間界の戦争も、どこの国のどんな街で何が起きているかも、霊界の霊たちにはお見通しです。しかし、そんなことに関心を示したりはしません。人間たちが、あまりにも愚かなことをしたり、人間界を滅亡に追いやるような事件が多発すれば、大霊界の法則で守護の役目を果たすために高級霊が人間界に送り込まれて来ます。地球と子孫を守るためです。しかし、そんなことは何十年間に一度くらいのものでしょう。

霊界の風景に思いをはせてみても、霊的生活の上ではあまりプラスになりません。《広大無辺にして荘厳の気に満ちている》という程度に理解していればよいでしょう。霊界には名所旧跡があるわけではありません。「この場所がナポレオンの住んでいる家です」などと案内してくれる先輩の霊もおりません。

霊界は暗いところでも、じめじめしたところでもないことだけは確かです。それほど心配することはありません。霊界に居場所を見つけた霊たちには結構、住み心地はよさそうです。

霊とのコンタクトでも、住み心地に不満を訴えた霊は皆無です。未浄化の霊たちは口をそろえるように、「つらい」「苦しい」「今いる場所から離れたい」と訴えます。その差が大きいのには驚かされます。私は低級霊の悲痛な嘆きの声を聴いて、地獄とはこの低級霊たちの苦しみや辛さを象徴的にいっているのではないかと考えたくらいです。

守護霊に先導されて苦しみもなくあの世へ

霊の研究家としていえることは、霊的生活の結末としてあの世があるわけで、この世からあの世へはすんなりと移行できるのが自然の形なのです。

霊的生活をきちんと送ってさえいれば、死はある意味で自然現象なのです。死によって何かが変わるということはありません。霊学上の死は、霊魂が肉体という衣服（殻《から》）を脱ぎ捨てて、魂が霊界に入って行くことです。現界なら、改まった場所に出かけるときは、洋服を着替えて出かけますが、改まって霊界に入って行くときは肉体という汚れた衣服を脱いで、清浄無垢な霊魂となってあの世に行くわけです。

霊的な話から少しそれますが、人間の死の瞬間は苦しいのではないかと、よく人に訊かれます。医者でもない私にそんな質問をするのは、霊能者の一人として霊に関わっている私は、あるいは死の瞬間についてもいささかの知識があるのではと考えてのことらしいのです。

私自身、霊能者の仕事に関係はなく、何人かの人の臨終に立ち会ったことがあります。死の間際の人ですから、酸素の吸入器を顔に当てて、荒い呼吸をくり返しています。そんな姿を見ると、確かに死の瞬間は苦しいのではないかと考えてしまいます。ところが、医学的にもそうでもないと聞いて安心しました。

私には、西洋医学のれっきとした医師でありながら、神霊治療に興味のある面白い友だちがいます。友だちといっても、私よりはるかに年齢の上の方です。このお医者さんは内科の医師として、何人もの臨終に立ち会ってきました。立ち会うたびに、どの患者も死の間際に苦しそうな表情をしているのを見て、私と同じように患者は苦しいのかもしれないと、考えることもあったそうです。

「意識が混濁していれば、苦しみは感じないかもしれない?」

そんな疑問もあったそうですが、いずれにしろ、医師として立ち会った患者は、どの患者も、何時間後かには死んでいくわけで、当事者に「死ぬ間際は苦しいですか?」などと、訊くわけにはいきません。

ところがこのお医者さん、心臓発作で臨終を宣告されたのですが、奇跡的に生き返ったのです。生還してから医師の仕事は息子さんに相続させて、たまに診察室に出るくらいです。暇になってから、ちょくちょく東京聖地に来ては私の浄霊を受けています。

来たついでに話を訊きました。彼は私の問いににっこり笑って答えました。

「胸が痛くて張り裂けそうに苦しかったのは、ほんの一瞬で、あとは、とても気持ちがよかったですよ。意識は全くないのですが、言葉に表せないほどよい気もちでした。このまま目覚めたくないという気持ちがどこかにあるんですよ。それから生き返ったんですが、生き返ってから、ああ……死ぬときはこのように眠くなるんだなあと納得しました。これなら、死ぬのはちっとも怖くないんだと思いました」

医師はついでに、臨死の体験も伝えてくれました。

「白い砂浜が一面に広がっていました。砂浜の間に大きな川が流れていて、はるか彼方に森がありました。その森の中から、山伏の一団が私のところに近づいてきて盛んに手招きをするんです。私は近づいて行こうとしました。すると、私が二十歳のときに死んだ祖母が現れて、山伏についていってはいけないというんですね。私は立ち止まりました。すると祖母は森と反対側を指さしてあちらに向かって歩けと命令するんです。私は疲れていましたが、祖母のいう通り森と反対の方向に歩き始めたんです。その時に蘇生したんです。目の前に妻の顔と医師の顔がありました」

医師の考えでは山伏について森の中に入っていけば死んでいたというのです。祖母というのは医師に言わせれば彼の守護霊で、彼を死の淵から連れ戻したいうのです。その真偽は私には判りません。

いずれにしろ、死の瞬間は苦しみもなく、むしろ気持ちがよかったという医師の言葉は信じられそうです。

「気持ちがよいのは意識が失われるからですかね？」

私の質問に医師は答えました。

「おそらく失神するときは、気持ちがよいのは間違いないですね。若いとき医大の柔道部に入っていて、稽古中に、しめ技で落ちたことが二度ほどありますが、とても、気持ちがよいんですよ」

だれもが死の瞬間は苦しくないのは事実のようです。ある神霊科学の本で読んだのですが、死の間際、霊界から死者の霊を案内する先達の霊が迎えに来て、霊界に連れて行ってくれるのだそうです。本当かどうか疑問のある話ですが、大霊界の法則に準じて正しい霊的生活を送ってさえいれば、それほど不安に思うこともなさそうです。

ただ、低級霊となって霊界から締め出され、行き場もなく、あの世とこの世をさまよい続けるのだけはご免こうむりたいものです。

Part.8

霊能者の生き方とコミット

霊能者は神霊の使徒である

霊能者は霊と交信したり、神霊治療などができるなどの特別の能力を授けられた人で、端的にいって一種の異能人といえるでしょう。霊能力は多分に先天的なものですが、まれに訓練で身に付けた人もいます。

私個人の見解ですが、霊能者は特別な使命を帯びてこの世に遣わされた人ではないかと考えています。霊能者は決して神がいたずら半分に造りあげた奇怪な人間というわけではなく、一つの目的を持たせてこの世に遣わされた人だと思います。

人間界、大霊界を含めた大宇宙を支配しコントロールをしている絶対的力を持った造物主（素《す》の神）が、ある種の意図を持って神の使徒としてこの世にその役を担《にな》わさせた人間を遣わしたということです。

造物主（素の神）の意図とは、神の意《こころ》を人間界に伝達するという役目です。すなわち、神と人間を繋ぐ橋のような存在としての霊能者ということです。先代の会長（隈本確・聖の神霊位）はこのことを神の踏み台という呼び方をしておりました。初代は「聖の神」と会員を結ぶために自らは踏み台として生きようと想い定めたのです。

造物主（素の神）は、究極的には人間を救うという大命題を持って存在しているのです。神は、この世界が調和と美と真理によって栄えるために、この世を造り、人類を造り、大霊界を造りました。「聖の神」は造物主（素の神）の心によって隈本確に降臨しました。

この世を造っただけでは片手落ちです。この世が神の心にしたがって回っているかどうか、いつも慈愛や慈悲の眼で見つめているのです。

神の心というのは、いつの場合も人間界に歪みがないか、亀裂はないか、不幸はないかということを考え、救いの手を差し伸べているのです。

歪みや亀裂や不幸というのは、具体的には、病気で苦しむ人がいたり、人間同士の争いであったり、貧苦に苦しむ人たちがいるということです。神は、この歪みや亀裂や不幸を修復して人間界、大霊界を救おうということを意思としてお持ちです。神は、神の手先になって働く人をこの世に多数送り出しました。偉大な宗教家、天才的な科学者などは、神が遣わした救世主です。霊能者もまた、多数の使徒の一人として遣わされたと考えることができます。

そのために、霊界の霊とコンタクトできる能力、神霊治療の能力、予知能力など、特別の力を与えてくださったのです。

これは、私の独断ではありません。また我田引水でもありません。この神の救世の想いを代行することが神の使徒の役目です。神より与えられた能力を使って、霊能者としての責務を果たすことが使命なのです。霊能者は神とのしっかりしたパイプを守るために日々を精進することが大切です。

これは私一人だけの問題ではありません。すべての霊能者に共通した決意であり、コミットでなければなりません。

神霊の使徒としての霊能者ということを考えるとき、私たち霊能者は一瞬の油断もなりません。自分の全身全霊を傾けて人のために尽くさなければなりません。

霊能者は、どんな難問に直面したときも、神は人間を見捨てたりしないということを確信して人類の救済にあたらなければなりません。

私は、私と出会うすべての人から病を除き、霊障を解除し、安らかな暮らしの果ての、安らかな終末を神霊の力を借りて為し遂げたいと考えています。苦しみの多い人、病のある人、不運の人、どうか訪ねて来てください。救済のエネルギーである神のお力を、あなたのためにいただくように私は霊能者としての力を出し切る所存であります。

孤独
怒り
苦悩
争い
病気
貧困
霊能者は、人々の救済のために神より遣わされた使徒である。常に全身全霊を傾けて人々のために尽くすことを使命としている。

霊能者のタブーと悪徳

以上のように、霊能者は神霊の使徒ですから、その行動も神霊の心に沿っていなければなりません。霊能者はその行動に品格があり、だれにも慕われる存在でなければなりません。神の使徒であるべき人が、万人の信頼を得ることができなければ、人助けの使命を帯びて人間界で活躍する意味がありません。神は万人に崇められてこそ神であります。その神のはからいで使徒たる役目を担わされた霊能者が人々に嫌われたり、不信を抱かれているようでは、使徒たる役目を果たすことはできません。

霊能者を自称する人は、次のようなことがあってはなりません。

1　霊能力の偽装

自分に霊能力がないのに、霊能力があるような振る舞いをすることは、人間として許されざる罪です。神霊の使徒である立場を偽ることですから、これは大きな悪徳というべきでしょう。ただそれらしく振る舞って人々に尊敬してもらったり、人々が自分に寄り集まってくるのを楽しみにしての軽薄な見栄のための詐称なら、単純な偽装ですから、滑稽なだけで罪は軽いといえばいえます。

重いのは自分に霊能力がないのに、あたかもあるが如く振る舞い、嘘偽りの神霊治療をしたり、偽りの判断をして人々を不安に陥れたり、金銭を要求するなどは許されざる行為といわなければなりません。

2　脅迫的言辞

仮にその人に霊能力があったとしても、あからさまに相手を畏怖《いふ》させたり、恐怖を感じさせるような言辞を弄してはなりません。ましてや、相手を脅かして多額な金銭を要求するなど、これはれっきとした犯罪行為です。

医師の中にも心ない言辞を弄して患者を深く傷つける人もいますが、どんなに時代が変わっても、医は仁術に変わりはありません。医者は患者の心の支えであり、より所でなければなりません。その医師に傷つけられた患者の心はどんなに深く痛みが走ったか想像するだけで同情を禁じえません。

霊能者の中にも心ない言辞によって相手を傷つけたり、不安に陥れたりする心ない人もいます。例えば、早く先祖供養をしなければ、あなたの孫が死んでしまうなどと、善意の人を脅かして金銭を巻き上げようとする不届き者もおります。

霊能者とて医者と同じです。その人の苦しみを除いてやるのが使命であり、すがり来る人の心の支えでなければなりません。いたずらに心を傷つけたり、脅迫するような言辞は心して慎まなければなりません。

3 金銭の執着

霊能者が例え神の使徒といえど、霞《かすみ》を食べて暮らしていくわけにはいきません。浄霊や神霊治療、霊的人生相談などには、定められたご報謝はいただかねばなりません。しかし、必要以上の金銭を次々に要求するという行為は慎まなければなりません。

霊視に名を借りて、次々に治療費や祈祷料や浄霊料を吊り上げていく悪徳霊能者もいます。墓を浄めるのに三十万円、邸宅の周りを除霊するのに五十万円などと、次々にいろいろな理由をつけてお金を無心するということなど、本来ありえない話です。神霊は人の弱みにつけ込んだりはしません。不審に感じられたら、ぜひ訪ねて来てください。正しいアドバイスをいたします。

金銭に執着することは、神霊の一番嫌うところです。あまりに金銭に執着していると、霊能力の低下ということもあります。

4　低級霊に憑依されての鑑定

Part6でも述べましたように、低級霊にも人間の願いに反応して、小さな願いに答えてくれることはあります。自称霊能者が、低級霊の反応を高級神霊の反応と勘違いし、低級霊のメッセージで鑑定結果を出したりしますと、最終的に、取り返しのつかなくなることもあります。霊能者の言動や鑑定に注意していて、不審な点がありましたら、なるべく早期に関係を断ち切ることが必要です。

5　傲慢な人格

霊能者は人格円満にして謙虚でなければなりません。霊能者ばかりではなく、人格円満、謙虚という心ばえは、人間としてだれでもかくありたいものです。医師の中にも患者に対して傲慢無礼な人がおります。「おれがお前の病気を治してやるんだ。おれのいうことを聴け」とばかりに、患者を自分の配下のごとく扱う医師もおります。医師としての技術はともかく、人間としてのできばえはあまりよろしくありません。

本来、人間には上下の関係はありません。人間はすべからく対等の関係にあります。ただ、立場が違うということはあります。立場が違うというのは、人間としては対等ですが、師弟の関係、先輩後輩、長幼の序、親など、尊敬の念を抱き教えを乞うという関係はあります。神霊の使徒である霊能者は、特に自分の立場を自覚して、傲慢や思い上がった態度を慎まなければなりません。思いやりを持って人に接することが大切です。

霊能者と宗教家の違い

当然ながら霊能者と宗教家は違います。宗教家というのは、教祖の「教え」を人々に伝導し、その教えにしたがって人間を救済する人のことです。また宗教の儀式をとり行ったりします。「教え」というのは、教祖の説く「救いの哲学」です。例を挙げれば、救いの哲学というのは、キリスト教の「聖書」であり、仏教の「経典」です。この中に人間の救いの論理が凝縮して綴られています。

人間社会は極論すれば悩みや苦しみの漂う大海のようなものです。いかに人々は苦しみや悲しみから逃れて、平安な暮らしを手に入れたらよいのか、考えながら生きてきたわけです。それを解決する道筋や悲苦の原因を解明して、人々に救いの手を伸べたのが偉大な宗教家だったのです。

教祖には天才的な人が多く、救いのための緻密な哲学を編み出しました。そして、それを広めるために優れた弟子を養成しました。弟子たちは信徒を集め、教祖の教えを理解させるように努めました。信徒はその教えにしたがって人生を生きていきます。いわば、宗教の教義というのは、信徒の生きる指針であり、救いの要です。

宗教家というのは、教祖の教えの継承者であり、教祖の教えのスポークスマンであるということです。宗教家は教えの理論を広く公布し、それによって人々を救済します。

霊能者と宗教家の立場を明確に位置づけるとすれば、宗教家は「教祖の使徒」であり、霊能者は「神霊の使徒」ということです。

霊能者も宗教家も人間救済を最終の目的にしています。目的は同じですが、人間救済の方法と手段は全く違います。

宗教家は教祖の教えを伝えるために教えの哲学を説く人です。これに対して、霊能者は神霊の意思の実践者です。

宗教家は教祖の教えに共感し、その教えを救われることを求めている人々に伝え導くというのが大きな使命です。

一方、霊能者は霊とコンタクトができるという特殊能力を使って、主に霊障によって病となった人の病を治し、不運の人に霊の助力を得て開運をもたらすなど、神霊の威力を取り次ぐ人です。

人類の救済という意味では、どちらも同じ目的を持っています。宗教家は教祖の教えの真髄を伝達し、理解させることで人間を救いの道に導いていきます。

霊能者は救いの言葉によって人を救うのではなく、神霊（心霊）の力を借りて現実を改革して人を救います。

この世の不幸の七割は霊との関わりの中で起こるということが、霊能者の行動のモチベーションとなっています。

病気も霊障が原因の一つであるという前提によって、神霊治療によって患者を苦しみから解放します。

宗教家にして霊能者という人もいれば、霊能者にして宗教家という人もいます。二つの立場が相反するということにはなりません。

宗教家も霊能者も、その行動における共通点は「祈る」ということです。ただし、祈りの意味は全く異なります。

宗教家は教祖に祈り、霊能者は神霊に祈ります。宗教家は教えに対して教祖に感謝の心で手を合わせます。手を合わせることが信徒の救いにつながるからです。

霊能者は神霊の力を求めて祈り、現状を改革してもらうために祈ります。神霊には教えの哲学はありません。神霊は教えによって救済するのではなく、神霊の力そのものが救いのエネルギーなのです。神霊は、言葉や理論で人を救うのではなく、苦の現実を改革することで人を救います。

宗教というのは、教祖の教えを理解し、実践することで迷いや苦悩から解き放たれて救われます。これに対して神霊は理屈抜きに、救いのエネルギーによって迷いや苦悩を取り払うことで人を救います。

例えば病気という苦悩について、宗教と神霊はどのように人々に関わるかという点を考えてみましょう。

病人が病気から救われたいために、宗教の信徒は、それぞれの救い主に対して祈ります。祈るということでは、宗教も神霊も同じです。

宗教の信徒は、自分の信仰する教祖に、病気の苦しみも救ってくれると期待して手を合わせます。偉大な教祖は多くの場合伝説では超能力者でもありますから、信徒は教祖に対して、病気を治してくださいと祈ります。信徒は教祖は病気も治す力も発揮してもらえると考えています。確かにキリストも釈迦も偉大な超能力者でした。しかし、真実のところは、宗教そのものに病気を治すパワーは含まれておりません。

例えば仏教では、病《やまい》というのは、人間は避けられない宿命であり、それゆえに人間の四大苦となっていると教えます。避けられない人間の「苦」ならば、病にとらわれて苦しみにある者は、避けられない苦悩に翻弄されてもがき苦しんだりしないで、悟りを得る道を見つけなさいと教えているのです。

これに対して神霊は、理屈は抜きに病気を治すエネルギーを発します。神霊には言葉も理論もありません。ただ現実を変革するエネルギーそのものだということです。痛みがある人からは痛みを取る。苦しんでいる人がいれば、その苦しみの原因を除去するということです。神霊は現実変革そのものをもたらすのです。

宗教家と霊能者はどちらが上とか下ということではありません。人を救うという究極の目的は同じでも、宗教と神霊は、本来、全く異質のものといえるでしょう。

霊能者の相談者への正しい対応

霊能者と相談者はまさに医師と患者の関係に似ています。相談者は苦しみを抱いて霊能者のもとを訪れるのです。人はその苦しみから逃れたくてやってくるのです。まさに病気の不安を抱えて医師のもとを訪れる患者の心境に似ています。

例えば神霊治療を受けるためにやってくる患者さんは、通常、何カ所かの病院を回ってから来る人が八十パーセントです。最初は、不調の箇所を現代医学の力で治そうとして治療を求めたのですが、医学の力では期待通りの成果が得られず、あるいは、自分の病気は眼に見えない世界が関わっているのではないかと考えるようになり、思い余って霊能者の門を叩くということになります。

相談者は、内心不安を抱えて霊能者の門を叩くのです。霊能者はその不安の思いをしっかりと受け止めて向かい合うことが大切です。

話には誠実な態度で耳を傾け、患者の思いを受け止めて、とことん話を聴いてやるという態度で接するべきです。大病院では三時間待って、診察はただの三分といわれていますが、霊能者にはそのようなことがあってはなりません。とことん聴いてやるという誠実な態度で接しなければなりません。

ただ、低級霊に憑依されている人の中には、共通して話がくどく長々と取りとめのない話をくり返す人が多いのです。しかし、あからさまにうるさいという態度はとらずに、話の真意を汲み取るように上手に会話を誘導することが誠意ある対応です。

都合で面接の時間に制限のある場合は、その旨を最初に伝えておくというのが相談者に対する礼儀です。

霊視によって患者の病気の原因が判ったら、それを正しく伝えて、治療の結果を待ちましょう。相談者に正しく伝えるということは詳しく伝えることではありません。相手が不安に思うことや、怖がる話は相手に伝えないで、神霊治療の結果で相手の信頼を得ることが大切です（日神会においては、通常、霊視は行っていません）。

霊障による病変なら、通常は二回か三回の浄霊で病状は改善したり、順調にいけば完治します。もし、数回の神霊治療で改善の兆しが見えなかったら、霊的原因以外の病原が考えられますから、病院での再検査を受けるように説得することが霊能者の良心です。

「霊障の原因は全て取り除いてありますので、医学治療で速やかに治ると思います」と相手に励ましの言葉をかけてあげることが大切です。

Ｐａｒｔ３の霊障と病気の関係でも説明しましたが、例え霊障が原因で起こった病気でも、現代医学で認知されている病気なら、通常の病気も霊障によって発症した病気も、そのメカニズムは同じです。時間が経ちすぎていて、症状が進行していて、霊障を解除しただけでは症状がなくならないということもあります。その場合は通常の医学治療を受けて治すことも大切なのです。

この世に薬が存在するのも、医師が存在するのも、霊能者が存在するのも大局的見地で申し上げるなら、これ全て造物主の意思が働いているのです。薬だけでも、医師だけでも、神霊治療だけでも治らない病気もあります。神の心にしたがってそれぞれがそれぞれの役割を果たし、力を発揮することが大切なのです。

友人の弁護士に訊いたことがあります。どの依頼者も事前にその結果を知りたがるということです。弁護士も長年の経験で、およその結果は予測がつくといいます。しかし、好結果だと伝えても、悪い結果になると伝えても、事前の判断を知ることは依頼者にとってよい結果を生まないというのです。神ならいざしらず、世の中に起こる未来の出来事は百パーセントの予測することなど無理な話です。どんなことで現状が急変しないとも限りません。逆転劇ということは人生にいつの場合もついて回ります。もし予測がはずれ、相反した結果になったとき、依頼者は弁護士に不信感を抱き、その後の裁判闘争などでは、足並みが揃わなくなり、勝てる訴訟も敗北してしまうことがあるそうです。心ある弁護士ほど、結果の予測は事前には口に出さないということです。

結果の予測は、霊能者は割に高確率で言い当てることができます。しかし、例え予知に自信があっても、そのことは口に出すべきではありません。もし万が一予測がはずれるようなことになれば、依頼者は霊能者に対する信頼を失います、弁護士と依頼者、医師と患者ばかりではなく、霊能者と相談者の間にも信頼関係が必要なのです。信頼の心が通いあってこそ、神霊のお力をストレートにいただくことができるのです。

他人の痛みが解る人間こそが真の霊能者

人助けを使命として生涯を生きる人は、その人の身になって相手の苦痛を取り除いてやるということを心がけなければなりません。ところが、その人の身になって考えるというのは、口でいうほど簡単なことではありません。

だれかが歯の痛みに苦しんでいたとします。

「痛そうですね。早く歯医者さんに行かなければなりませんね。お大事に……」

心優しい人はいたわりの言葉をかけます。

しかし、人はせいぜいでもその程度が限界です。

その程度ではいけないのか？　という言葉が聞こえそうです。

日常の人間関係ではその程度が限界かもしれません。しかし私は、真実、人助けの使命に命を捧げようとしている人は、その程度ではいけないと思います。

相手が歯の痛みで苦しんでいるのなら、相手の歯の痛みがわが身に引き換えて解ることが大切なのです。肉体を共有しているわけではありませんから、相手の痛みを他人が、実際に体験できるわけではありません。

しかし、歯の痛みを相手と共に共有してあげたいと考える姿勢を持たなければならないということです。それを人助けのモットーとすることが「人助け人間」の尊いバックボーンだと思います。医師、宗教家、弁護士、教師、霊能者などは人助けを使命として生きようとしている人たちと思います。

霊能者には、神霊治療などで、相手の痛みを吸収して病人と同じ苦しみを共有することがあります。技術上、相手の憑依霊を自分の体内に取り込む場合があるからです。この場合は一瞬、患者の痛みをそのまま、自分の身に感じることがあります。まさに患者の苦しみを共有したことになります。しかしこの場合は、人助けの心によって苦痛を共有するのではなく、技術的な過程で、結果的に共有しただけのことです。

それでも相手の身になってことに当たれたという気持ちは貴重なことで、霊能者なればこその体験です。

しかし、私の言いたいのは、技術上の過程で必然的に痛みが共有できたということではなく、人助けの深い自覚の上で相手の痛みが解るというようになるべきだと思うのです。

「同じ肉体ではないので、あなたの歯の痛みを私は知ることができません。しかし、そのことが、私にとって、とても辛い気持ちです。それでもどうか頑張ってください。あなたの苦しみには及ばないものの、あなたの苦痛をともに引き受けようとしている人間がいることを信じて、この痛みから共に手を取り合って抜け出しましょうね」

歯の痛みにしては少しオーバーな表現ですが、人助けの想いの原形です。

子供を亡くした親の気持ちになって、その親に慰めの言葉をかけるということです。単なる同情より、もっともっと深い共感と哀悼です。

人間を思う、人を救うということは、並大抵のことではできるものではありません。人間社会はやさしさや思いやりで相手を包んであげるということは、美談としていろいろ見聞することはあります。

私は、世間の単なる美談よりも、さらに大きくて深い苦痛や苦悩の共有によって、神霊に向かい合いたいと考えています。

「我、この悲しみを共にあなたと涙を流します」

「悩める人よ我に来たれ、そして我にすがってください」

何時如何なるときも、苦悩悲哀の人と苦しみ悲嘆を分かち合うという決意です。

自分と同じ苦しみを背負ってくれる人が、この世にいると考えるだけで勇気が湧くものです。その人の生きる力や希望になるものです。

人生の荒野を歩いているのは自分独りではない。一緒に歩いてくれる人もいるんだと、相手に思わせることが人助けの入口になるのです。

霊能者も単に神霊治療の能力者にとどまってはなりません。肉体の病気、心の病気、心の傷あとも癒してやれるトータルな人助けができてこそ、真の霊能者ということです。

あとがき

本書は、日本神霊学研究会の第二代会長に就任した私の処女出版です。初代、聖の神霊位隈本確の大霊界シリーズは、日本の神霊学研究者に多大な影響を与えました。著作大霊界シリーズは、累計２４６万部を超える大ベストセラーになりました。私自身も、初代の影響を強く受けていますが、世代的に大きな差があり、研究結果に異なる点もありました。本書は新しい視点と新感覚で大霊界を見つめ直したニューウェーブの著書と自負して刊行いたしました。切にご愛読を乞う次第であります。

本書を読んだご感想をたまわれば幸甚に存じます。

今後の研究、修行に活かし、よりよい霊的活動、啓蒙に役立てたい所存です。

なお、本書に関するお問い合わせは左記にお願いいたします。

著者　隈本正二郎

日本神霊学研究会長崎聖地（本部）

〒856-0836　長崎県大村市幸町二五番一九三

電話（〇九五七）五二―五一五一（代表）

日本神霊学研究会東京聖地

〒141-0022　東京都品川区東五反田五丁目二八番五号

電話（〇三）三四四二―四〇八二（代表）

[著者プロフィール]

隈本《くまもと》 正二郎《しょうじろう》・法名 聖二郎《しょうじろう》

1965（昭和40）年、長崎市に生まれる。父、隈本確と同様、少年時代より数々の霊的体験をもつ。20歳の頃より日本神霊学研究会の教祖隈本確のもとで神霊能力者の修行を重ね、神霊治療の実践と研究を行ってきた。現在は、教祖隈本確の跡を継ぎ、日本神霊学研究会の聖師教を務め、神霊治療と若き神霊能力者の指導・育成にあたっている。著書に『神秘力の真実―超神霊エネルギーの奇蹟』『神・真実と迷信―悪徳霊能力者にだまされるな！』『大霊界真書』『神と霊の癒―苦しみが喜びに変わる生き方』（展望社）がある。

神と霊の力

神霊を活用して人生の勝者となる

2016年1月15日　初版第1刷発行
2017年6月24日　初版第6刷発行
著　者　隈本正二郎
発行者　唐澤　明義
発行所　株式会社 展望社
〒112-0002
東京都文京区小石川3丁目1番7号　エコービル202号
電話　03-3814-1997　Fax　03-3814-3063
振替　00180-3-396248
展望社ホームページ　http://tembo-books.jp/
印刷所
製本所　モリモト印刷株式会社

ISBN978-4-88546-309-9

好評発売中！

日本神霊学研究会　聖師教
隈本正二郎

大霊界真書

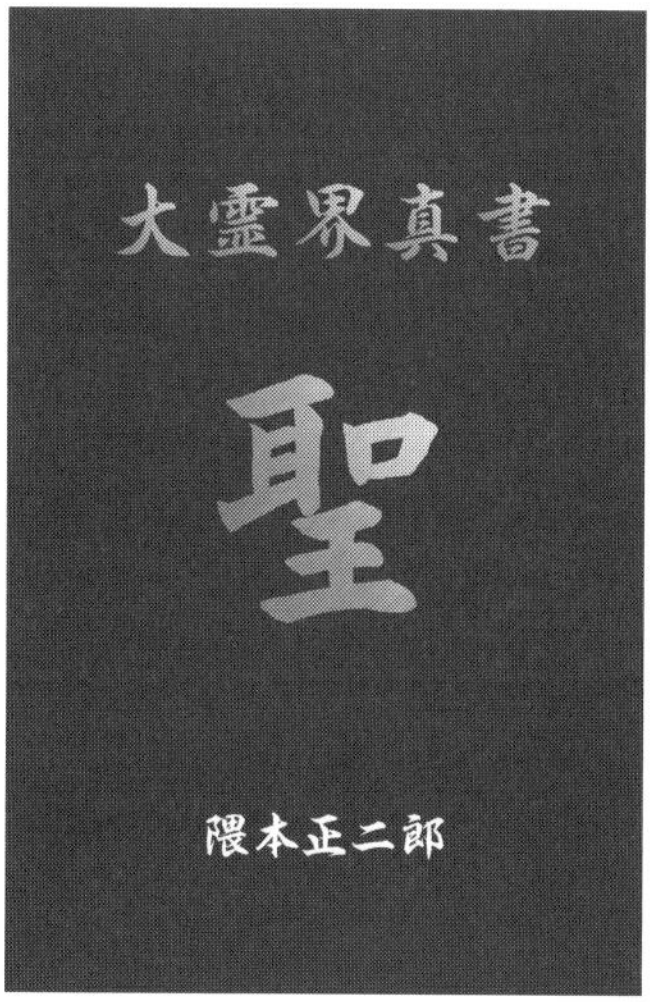

●ISBN978-4-88546-321-1
●四六判上製／定価(本体 2000円＋税)

大霊界とあなたの御心とを結ぶ真書

【書評】本書は宗教書として書かれたと考えられますが、口語体でわかり易い表現になっており、キリスト教の聖書（新約)、イスラム教の聖典コーラン、あるいは仏教の般若心経などと異なり一般書として読むことができます。また、読者が自らの経験として、こんなことが確かにあったと言える内容が多く、過去を想い起こし、今を見つめ、未来を考えることにつながっていくように感じられます。

モントリオール大学教授　雨谷昭弘